W0310807

Ingrid Biermann

Mit Klara und den Mäusen durch die Sommerzeit

Ingrid Biermann

Mit Klara und den Mäusen durch die Sommerzeit

Konzeptbuch für den Kindergarten

HERDER

FREIBURG · BASEL · WIEN

Gedruckt auf umweltfreundlichem, chlorfrei gebleichtem Papier

Umschlaggestaltung: Dietmar Prill, Freiburg
Illustrationen: Angela Weinhold, Essen

Alle Rechte vorbehalten – Printed in Germany
© Verlag Herder Freiburg im Breisgau 2003
www.herder.de
Layout & Satz: Layoutsatz Kendlinger
Druck und Bindung: fgb · freiburger graphische betriebe 2003
www.fgb.de
ISBN: 3-451-27688-7

Inhalt

Inhalt der gelben Seiten

Inhalt der roten Seiten

Inhalt der blauen Seiten

Inhalt der grünen Seiten

Die besonderen Sommeraktionen

Vorwort

Der Sommer ist eine Jahreszeit, die manche Erwachsene nur im Urlaub genießen können, denn die Hitze kann einem ganz schön zu schaffen machen, besonders, wenn man nicht die Möglichkeit hat, sich mit einem Bad im See oder Meer abzukühlen.

Doch bei Kindern ist das ganz anders. Sie tauen in dieser Jahreszeit richtig auf und ihre Aktivitäten laufen auf Hochtouren. Aber diese sehen dann, wenn die Sonne lacht, etwas anders aus, als in den anderen drei Jahreszeiten. Lange, anstrengende Spaziergänge gehören nicht unbedingt dazu, es sei denn, das Ziel ist ein See, ein Bach oder ein Schwimmbad. Im Sand buddeln, im Wasser planschen, Wiesen, auf denen man Verstecken spielen kann, im Schatten eines Baumes eine Schüssel Erdbeeren verputzen, barfuß durch trockenes Gras gehen, all diese Dinge machen den Reiz des Sommers aus und locken selbst einen Stubenhocker nach draußen. Warum nicht auch Sie, liebe Erzieherin, und Ihre Kinder. Verlegen Sie einmal ihren Gruppenraum nach draußen, machen Sie aus dem Spielplatz einen Sommererlebnisgarten, in dem man singen, Geschichten hören, turnen, basteln, reimen, raten, malen, träumen, entspannen, experimentieren, entdecken, erschmecken und vieles mehr erleben kann. Lange genug hat man im Haus gesessen und sehnsüchtig nach draußen geschaut. Wärme spüren ist nun angesagt. Den Sommer mit allen Sinnen erleben, ihn entdecken, ihn erforschen, das macht Spaß und weckt die Lebensfreude. Wenn dann auch noch Klara, die Maus dabei ist, dann kann nichts mehr schief gehen.

Klara ist einigen von Ihnen sicher schon aus den ersten beiden Bänden bekannt, in denen Klara und ihre Mäusekinder durch Winter und Frühling begleiteten.

Das Konzept des Buches zeichnet sich dadurch aus, dass es aus einem festen Ritual und aus freien Angeboten besteht. So ist es flexibel und lässt Ihnen genügend Freiraum für eigene Ideen und Vorstellungen. Auch die Wünsche der Kinder können berücksichtigt werden. Wie schon bei den Weihnachts- und Frühlingsmäusen gibt es eine Menge Angebote, sodass Sie die freie Auswahl haben.

Ich wünsche allen, die mit Hilfe dieses Buches durch die Sommerzeit gehen wollen, viel Freude, einen kühlen Kopf, wache Sinne, Lust auf den Sommer. Eines ist gewiss: Klara freut sich auf den Sommer mit Ihnen und den Kindern.

Ingrid Biermann

Anleitung für die praktische Umsetzung des Konzepts

Den Rahmen für das Konzept bieten Klara und ihre vielen Mäusekinder, die täglich Angebote für die Kinder mitbringen.

Die dicke gelbe Maus Klara kommt diesmal am ersten Tag der Reise durch die Sommerzeit ganz allein in Ihre Kindergartengruppe. Sie sitzt dabei auf Ihrem Lieblingsplatz (z.B. ein Moosteppich oder ein grünes Tuch). Eine Geschichte berichtet davon, wie Klara zu ihren Sommermäusekindern kommt. Erst am zweiten Tag wird mit den Kindern eine Sommerlandschaft aufgebaut (s. S. 18), in der Klara mit ihren Mäusekindern lebt. Diese Landschaft mit den darin sitzenden Mäusen ist die Basis für den „Sommerkalender". Die Anzahl der Mäuse richtet sich nach der Anzahl der Kinder, die in Ihrer Gruppe sind, da jedes Kind im Laufe der Sommerreise eine Maus bekommen soll. Zum Abschluss jeden Tages wird eine kleine Maus aus der Landschaft genommen. Die Mäuse sind gelb, grün, rot und blau. Die Farbe der aus der Landschaft genommenen Maus bestimmt das Angebot des nächsten Tages:

Die roten Mäuse sind besonders musikalisch. Wird eine solche Maus aus der Landschaft genommen, gibt es ein Lied, eine Klanggeschichte oder ein anderes musikalisches Angebot (**rote Seiten im Buch**).

Die blauen Mäuse lieben es, zu reimen, zu raten und spaßigen Geschichten zuzuhören. Wird eine von ihnen aus der Landschaft genommen, gibt es eine Reimgeschichte, eine Mitmachgeschichte, eine Malgeschichte oder ein anderes Reim- oder Rateangebot (**blaue Seiten im Buch**).

Die grünen Mäuse haben viele unterschiedliche Neigungen. Sie sind gern in Bewegung, genießen aber auch die Entspannung, spielen, basteln und essen sehr gerne. Wird eine von ihnen aus der Landschaft genommen, gibt es ein Turn-, Rhythmik-, Spiel-, Nasch- oder Bastelangebot (**grüne Seiten im Buch**).

Außerdem gibt es noch „besondere Sommeraktionen", die keine Extra-Farbe haben.

Die 6 kleinen gelben Mäuse sind noch kleiner als die anderen und hören sich am liebsten Geschichten von und über Klara an. Die Tage, an denen eine gelbe Maus Tagesmaus ist, können auch Klaratage genannt werden. Die Klaratage sind die einzigen Tage, die feststehende Termine (z.B. die Montage) haben. Der erste und zweite Tag, jeder Montag und der letzte Tag der Zeit mit Klara, sind für die gelben Mäuse reserviert.

Die am Vortag aus der Landschaft genommene Maus wird mit Klara auf deren Lieblingsplatz gestellt. Dort möchte sich die Mäusemama von ihrem Mäusekind verabschieden, bevor es zu einem Menschenkind mit nach Hause geht. Wenn am nächsten Tag das Angebot vorüber ist, wird die kleine Maus im Kreis herumgegeben und bleibt für immer bei einem der Kinder. Genauer beschrieben ist dies auf Seite 17.

Wenn man möchte, kann für jede herausgenommene Maus etwas in die Sommerlandschaft gelegt werden (z.B. eine Blume, ein Stein, ein Blatt). So verändert sich die Landschaft um Klara und ihre Mäuse täglich. Am letzten Tag der gemeinsamen Zeit mit Klara sollte jedes Kind eine kleine Maus bekommen haben. Wenn ein Kind durch das tägliche Ritual zufällig eine zweite Maus in der Hand hält, so verschenkt es diese an ein Kind, das bisher noch keine Maus mit nach Hause genommen hat.

Dieses feste tägliche Ritual besteht aus dem Herausnehmen einer Maus aus der Landschaft, die dann mit Klara bis zum nächsten Tag auf ein Tuch oder einen Moosteppich gesetzt wird, aus dem Herumgeben der „Tagesmaus", die dann von einem Kind mit nach Hause genommen wird, aus dem Schmücken der Landschaft mit einem Stein oder anderen Dingen und aus dem erneuten Herausnehmen einer Maus für den nächsten Tag.

Sie können die Reise mit Klara am kalendarischen Sommeranfang beginnen, wenn die Sommerferien das zulassen. Sollte das Wetter bereits im Mai gut sein, so lässt sich die Reise durch den Sommer natürlich auch vorziehen. Auch im Spätsommer lassen sich die meisten Angebote noch gut umsetzten.

Wenn Ihnen weniger Tage zur Verfügung stehen, als Sie Kinder in Ihrer Gruppe haben, gibt es verschiedene Möglichkeiten, die Reise abzukürzen:

Sie können „Wochenendmäuse" verteilen: Dazu werden am Montag zusätzlich zur Tagesmaus, die das Angebot bestimmt hat, zwei weitere Mäuse verteilt. Für diese hat kein Angebot stattgefunden.

Sie können auch am Ende der Reise die übrig gebliebenen Mäuse auf die bisher leer ausgegangenen Kinder verteilen.

Die Anzahl der Angebote im Buch ist wahrscheinlich größer als die Anzahl Ihrer Kinder, sodass Sie sie nach Ihrem Geschmack auswählen können. Es ist natürlich auch möglich, dass Sie selbst und Ihre Kinder so viele gute Ideen haben, dass Sie das Konzept nur als Rahmen nutzen, den Sie selbst ausgestalten.

Schön ist es, das Projekt mit einem Höhepunkt zu beenden. Einen Vorschlag dafür finden Sie auf Seite 125.

Durch die bunte Mischung aus Liedern, Spielen, Geschichten und vielem mehr wird dieser Sommer bestimmt zu einem besonderen Erlebnis, das Ihnen und Ihren Kindern noch lange in Erinnerung bleibt.

Herstellung der Sommermäuse

Sie benötigen so viele Steine, wie sie Kinder in Ihrer Gruppe haben. Diese Steine sollten in eine von Kindern gebildete Handschale passen. Außerdem brauchen Sie einen etwas dickeren Stein. Nachdem Sie die Steine gesäubert haben, malen Sie mit einer gut deckenden Farbe 6 Steine gelb an. Die übrigen Steine werden beliebig grün, blau und rot angemalt. Der dickere Stein wird die Maus Klara und muss gelb angemalt werden. Sie können die Steine nach dem Trocknen auch noch lackieren. Nun werden den Mäusen mit Heißkleber Ohren aus Pappe, Filz oder kleinem Steinsplitt, ein Schwanz aus Wolle oder Filz, Augen aus Pappe und Barthaare aus Besenhaaren angeklebt.

Die Mäuse können natürlich auch aus anderen Materialien wie z.B. Stoff oder Holz hergestellt werden.

Inhalt der gelben Seiten

Einstiegsgeschichte für den ersten Tag: Klara und die Sommermäuse
Versgeschichte für den zweiten Tag: Meine Kinder sind noch klein
Geschichte: Klaras Freundschaft mit dem zitronengelben Schmetterling
Geschichte: Klara und das Froschkonzert
Geschichte: Klara organisiert ein pitschnasses Sommerfest
Vers für den letzten Tag: Klara nimmt Abschied

Klara und die Sommermäuse

Einstiegsgeschichte für den ersten Tag der Reise durch den Sommer

Material Die dicke gelbe Maus Klara, eine kleine gelbe Maus (Tagesmaus), etwas Moos oder ein grünes Tuch, ein Weidenkorb mit gesammelten Utensilien, wie z.B. Steine, Blätter, Blumen usw., mit denen täglich die Landschaft verschönert wird, Rekorder mit ruhiger Musik, ein größeres Abdecktuch
Hinweis: Diese Materialien (nur die Farbe der kleinen Maus verändert sich) werden täglich benötigt und deshalb im Folgenden nicht mehr aufgezählt. Es werden nur noch die Zusatzmaterialien genannt.

Einstieg Die Materialien liegen griffbereit und sind mit einem Tuch abgedeckt. Die Kinder stehen oder sitzen dicht nebeneinander im Kreis und halten ihre Hände auf den Rücken. Die Erzieherin gibt einem Kind Klara in die Hand. Diese wird weiter herumgegeben. Erst wenn alle gefühlt haben, sollen sie raten, was sie denn da betastet haben. Na, haben sie eine Maus erfühlt? Wenn sie Klara als Frühlings- und Weihnachtsmaus schon kennen, können sie vielleicht weiter raten und den Namen dieser Maus gemeinsam rufen. Ob sie den wohl noch wissen?

Danach wird die Maus zum Betrachten herumgegeben und mit einem Vers als Klara, die Sommermaus, vorgestellt.

(In die Kreismitte wird das Moos oder das grüne Tuch gelegt)

Vers

Ich, Klara, bin die Sommermaus,
ich gehe täglich aus dem Haus.
Ich riech' die Blumen und das Gras,
ja, dieser Sommer macht mir Spaß.
Und ist der Sommer mir zu heiß,
dann leck ich einfach Himbeereis.
Hört zu, ich hab euch zu berichten,
viele schöne Mausgeschichten.

Die Maus wird auf das Moos/Tuch gesetzt und die Erzieherin erzählt die folgende Geschichte.

Geschichte

Klara ist seit vielen Wochen wieder allein. Ihre Frühlingskinder sind aus dem Haus und nun hat sie ganz viel Zeit. Auch ihr Freund, der Maulwurf Buddel ist oft unterwegs. Damit die Zeit vergeht, macht sie täglich sehr lange Spaziergänge. Klara liebt den Sommer, der seit einigen Tagen deutlich zu sehen, zu riechen und zu spüren ist. Ihre Wiese rund um ihr Mäusehaus ist nun kunterbunt. Sie duftet nach Klee, Klatschmohn und Gänseblümchen und Klaras feine Nase nimmt jeden Duft auf. Jetzt im Sommer, wo die Sonne oft sehr heiß auf ihr Fell brennt, sitzt Klara gern und stundenlang unter dem großen Walnussbaum, der am Wiesenrand steht. Hier lässt es sich gut träumen. Doch seit einigen Tagen hat Klara immer die selben Gedanken. Sie denkt an ihre Frühlingskinder und daran, wie sie mit ihnen einen wunderschönen Frühling verbracht hat. Auch heute sitzt sie da und denkt sofort wieder an die abenteuerliche Frühlingszeit mit ihren Kindern. Klara ist heute zum ersten Mal ein wenig traurig. Als sie so da sitzt und träumt, hat sie plötzlich eine wunderbare Idee. „Ich mache ein Ferienhotel für Stadtmäusekinder auf", ruft sie laut und rennt so schnell sie kann nach Hause. Unterwegs malt sie sich schon aus, wie ihre Pension aussehen soll. Zu Hause trippelt sie durch ihre Wohnung und stellt fest, das sie acht leerstehende Zimmer hat. Diese will sie zu Gästezimmern umbauen, in denen die Ferienmäuse übernachten können. Sofort beginnt sie zu putzen, aufzuräumen und umzuräumen. Dabei merkt sie gar nicht wie die Zeit vergeht. Mit einem Mal sagt jemand:" Was machst du denn da?" Klara schaut sich um und sieht Buddel." Ich mache aus den leerstehenden Zimmern

Gästezimmer und lade in diesem Sommer die Stadtmäusekinder ein. Sie können bei mir auf der Wiese Ferien machen. Dann bin ich nicht mehr so allein und die Mäusekinder können den ganzen Sommer bei mir bleiben." „ Aber was machst du, wenn sie früher nach Hause wollen." „ Dann können sie zurück zu ihren Menschenkindern", sagt Klara und putzt fleißig weiter. „ Aber wie sollen die Mäusekinder aus der Stadt wissen, das sie zu dir kommen und hier ihre Ferien verbringen können?" fragt Buddel. Klara überlegt und dann sagt sie:" Ich schreibe Zettel auf denen steht, das ich ein Ferienhotel habe und alle Stadt- und Dorfmäuse einlade, bei mir den Sommer zu verbringen. Diese Zettel heften wir an jeden Baum, stecken sie in jeden Briefkasten und kleben sie an jede Mauer". Kaum hat Klara das gesagt, fangen die zwei an zu schreiben. Nachdem sie die ganze Nacht geschrieben haben, machen sie sich sofort, ohne auch nur eine Stunde geschlafen zu haben, auf den Weg. Stunden später, als es schon wieder hell ist, kommen Buddel und Klara wieder zu Hause an. „So nun muss ich aber erst einmal schlafen", sagt Buddel und geht in sein Zimmer. „Ich auch", sagt Klara, legt sich auf ihr Bett aus bunten Sommerblumen und schläft sofort ein. Nach einigen Stunden wird sie von einem merkwürdigen Geräusch geweckt. Klara öffnet ihre Augen und vor Schreck hält sie sich ihre Augen sofort wieder zu. Vor ihr stehen viele kleine Mäusekinder. Sie piepsen alle wild durcheinander. Klara hätte mit so vielen Gästen nicht gerechnet. Sie holt Buddel und gemeinsam bringen sie die kleinen Gäste auf ihre Zimmer. Dort legen sie sich erst einmal hin um sich von ihrer weiten Reise auszuruhen. Klara und Buddel sitzen vor dem Mäusehaus und können es noch gar nicht glauben." Mit so vielen Ferienkindern hätte ich nicht gerechnet," sagt sie," und lacht Buddel glücklich an. „Ich auch nicht", sagt Buddel. Er stellt fest, das sie fast so aussehen wie Klaras Frühlingskinder. „Ihnen fehlt nur das farbige Fell," sagt er. Klara lacht und antwortet: „Die Glitzerfee wird sich auch hier bestimmt wieder etwas einfallen lassen." Die Mäusekinder sind so müde, das sie an diesem Nachmittag gar nicht wieder aufwachen und bis zum anderen Morgen schlafen. Als Klara sie weckt, sieht sie, was die Glitzerfee gemacht hat. Sie hat, wie schon so oft, jedem Ferienkind ein farbiges Fell gegeben. „Jetzt erinnern sie mich an meine Frühlingskinder", sagt Klara leise und weckt ein Ferienkind nach dem anderen auf. Von diesem Tag an verbringt Klara wieder mit kleinen Mäusekindern den Sommer und ist darüber sehr glücklich.

Abschluss

In einem Gespräch können die Kinder über ihre Sommerferienerlebnisse berichten.

Tagesritual

Die Erzieherin holt eine kleine gelbe Maus und erzählt, das dieses schon eines von den vielen Ferienmäusekindern ist und das diese kleine Maus jetzt schon zu einem Kind mit nach Hause will. Die kleine gelbe Maus wird im Kreis herumgegeben. Musik läuft. Wird sie ausgestellt, kann das Kind, welches die Maus in der Hand hat, sie mit nach Hause nehmen. Sind die Kinder draußen, wird die Maus ohne Musik herum gegeben. Ertönt der Glockenton, bleibt sie in der Hand sitzen, wo sie gerade ist. Das Kind kann diese Maus mit nach Hause nehmen.

Hinweis

Am folgenden Tag sollte die Reimgeschichte: „Meine Mäuse, die sind klein", erzählt werden, da sie auf diese Einstiegsgeschichte aufbaut. Danach wird mit den Kindern die Sommerlandschaft gelegt.

Meine Kinder sind noch klein

Reimgeschichte für den zweiten Tag der Sommerreise

Vorgeschlagenes Material für den Bau der Sommerlandschaft

Blaue Folie, Moosschwämme, eine Schale mit Wasser, eine ganz kleine Vase für Sommerblumen, Sand, Erde, ein Stück Grasnarbe, ein Ast oder Zweig, etwas Moos, kleine Holztiere (Käfer, Hasen o.Ä.), Dekorationsblumen, Tapeziertisch oder eine andere Fläche für die Sommerlandschaft
Außerdem ein großer Korb, eine Schere und ein Spaten zum Sammeln der Naturmaterialien

Sonstiges Material

Schuhkarton mit den vorher gebastelten Mäusen

Einstieg

Die Materialien liegen griffbereit und sind mit einem Tuch abgedeckt. Die Erzieherin wiederholt mit den Kindern die Einstiegsgeschichte vom Vortag. Dafür schließen sie die Augen und stellen sich bei ruhiger Musik die wunderbare Sommerlandschaft vor, in der Klara mit ihren Ferienkindern lebt. Nach einem lebendigen Gespräch holt die Erzieherin einen großen Korb, Spaten und Schere und geht mit den Kindern auf eine Wiese, den Spielplatz, in den Vorgarten, einen Park und sammelt Steine, Sand, ein Stück Grasnarbe, eine Wurzel, Moos, Äste, Blumen und andere Naturmaterialien. Danach gehen sie wieder in den Gruppenraum zurück und legen alle gemeinsam auf einem Tapeziertisch, einem Teppich oder einem Tisch, frei nach Fantasie, eine Sommerlandschaft. Eine flache Schale mit Wasser kann vielleicht als See mit eingebaut werden. Aus einer Folie könnte ein Fluss gelegt werden und Äste, in feuchtes Moosgummi gestellt, können als Bäume aufgestellt werden.

Danach setzen sich die Kinder in den Kreis und schauen auf diese Landschaft. Die Erzieherin nimmt Klara in ihre Hand und spricht folgenden Reim.

Reim

Die Mäusekinder, ach wie fein,
Sie wollen meine Gäste sein.
Im Sommer kommen sie hierher
(den Karton mit den Mäusen in die Mitte holen)
ich mag die kleinen Mäuse sehr.
(Die Mäuse einzeln herausholen und in die Mitte auf das grüne Tuch legen)
Sie haben schönes blaues Fell,
einige sind gelb und hell,
manche rot und manche grün,
(Die entsprechenden Mäuse werden aus dem Karton geholt)
so kannst du alle nun hier sehn.
Die blauen Mäuse können dichten,
erzählen mancherlei Geschichten.
Die roten Mäuse singen gern,
den Gesang hört man von fern.
Die grünen Mäuse wollen springen,
basteln, backen, nur nicht singen.
Die gelben Mäuse sind noch klein,
die lass ich noch nicht gern allein.
Jeden Tag geht eine Maus,
mit euch ganz bestimmt nach Haus.

Abschluss Die Kinder stellen gemeinsam die Mäuse in die Landschaft.

Tagesritual Die Erzieherin holt auch heute eine kleine gelbe Maus wird aus der Landschaft. Diese wird mit Musik im Kreis herumgegeben. Das Kind, das dann die Maus in der Hand hält, wenn die Musik endet, kann diese mit nach Hause nehmen, zur Dekoration etwas aus dem Weidenkorb in die Landschaft legen und eine neue Maus (keine gelbe, denn die sind ja für die ausgewählten Termine reserviert) aus der Landschaft holen. Die neue Maus signalisiert den Kindern durch ihre Farbe, ob am nächsten Morgen geturnt, gesungen oder gereimt wird. Dieses Ritual wird nun täglich durchgeführt.

Hinweis Das Kind, das am ersten Tag der Sommerreise die kleine gelbe Maus bekommen hat, kann nun noch etwas in die Landschaft legen.

Klaras Freundschaft mit dem zitronengelben Schmetterling

Dritte Klarageschichte

Material 25 kleine, aus gelber dünner Pappe ausgeschnittene Schmetterlinge, Zitronenduftöl

Vorbereitung Aus gelber Pappe werden 25 (die Zahl der Gruppengröße anpassen) Schmetterlinge ausgeschnitten und mit Zitronenduftöl beträufelt.

Einstieg Die Kinder sitzen im Kreis und die Materialien liegen griffbereit. Sie sind mit einem Tuch abgedeckt. Die Kinder schauen auf die Landschaft. Die Erzieherin bitte sie, ihre Augen zu schließen und mit den Händen eine Schale zu bilden. Bei ruhiger Musik legt sie jedem Kind einen Schmetterling dort hinein. Die Kinder versuchen den Gegenstand durch fühlen und riechen herauszufinden. Erst wenn sie sich sicher sind, den Gegenstand identifiziert zu haben, öffnen sie die Augen und schauen nach, ob sie in der Stille richtig geraten haben.

Ein lebendiges Gespräch über Schmetterlinge und das, was man darüber weiß oder wissen sollte, kann sich nun anschließen. Danach legen die Kinder die Schmetterlinge auf das grüne Tuch und die Erzieherin erzählt folgende Geschichte.

Geschichte Klara hat es sich mit ihren Ferienkindern auf der Sommerwiese schon sehr gemütlich gemacht. Sie haben ihre Mäusewohnung mit Sommerblumen geschmückt und die Wiese rund um ihre Wohnung ist genau der richtige Spielplatz für ihre muntere Kinderschar. Klara sitzt mit Buddel so oft es das Wetter erlaubt vor der Tür und es macht beiden viel Spaß,

den Ferienkindern beim Spielen zuzusehen. Die Glühwürmchen, die hier herumfliegen, spenden so viel Licht, dass man auch im Dunkeln alles noch gut sehen kann. Die Sommernächte sind so warm, dass sie oft sogar alle zusammen draußen auf der Wiese schlafen. Das macht den kleinen Mäusen natürlich viel Spaß und hin und wieder versucht auch schon mal die ein oder andere Maus allein eine Nachtwanderung zu machen. Doch Buddel passt gut auf und holt schnell jeden Ausreißer wieder zurück. Weil er aber fast jeden Abend einen Ausreißer zurückholen muss, beschließt er, an dem nächsten lauen Abend mit allen Mäusen und natürlich mit Klara eine richtige Nachtwanderung zu machen. Licht dafür bekommt er von den Glühwürmchen, denn sie fliegen gerne mit. Gesagt, getan. Schon am nächsten Abend geht es los. Die kleinen Mäuse sind ganz aufgeregt. Die Wiese in der Nacht zu entdecken, das macht bestimmt besonders viel Spaß. Tatsächlich sehen sie noch viele Tiere, die ebenfalls noch unterwegs sind. So treffen sie eine ganze Kompanie Ameisen. Sie schleppen und tragen kleine Tannennadeln, Blattstückchen und Erdklumpen in ihren Bau. Sie lassen sich nicht stören und arbeiten fleißig weiter. Zwei dicke Regenwürmer sind damit beschäftigt, sich in die Erde zu bohren und auch Familie Schnecke ist immer noch nicht zu Hause. Die Mäusekinder laufen alle ganz lieb hintereinander her, so wie es ihnen Klara gesagt hat. Die Glühwürmchen fliegen voraus, so dass jeder gut sehen kann. Plötzlich hören sie ganz in ihrer Nähe jemanden stöhnen und weinen. Buddel, Klara und die Kinder bleiben sofort still stehen. Die Glühwürmchen kommen angeflogen und spenden Licht. Auf einmal entdeckt Klara eine gelben Schmetterling, einen Zitronenfalter.

Er hängt mit seinen Flügeln in einem Spinnennetz fest. „Das ist aber gefährlich“, sagt Buddel und so schnell es geht befreit er den

Schmetterling aus dem Netz der Spinne. Das ist eine schwere Arbeit, denn die Flügel dürfen nicht verletzt werden. Buddel kommt dabei ganz schön ins Schwitzen. Doch dann hat er es geschafft. Der Zitronenfalter ist befreit. Aber er ist so schlapp, dass er gar nicht mehr fliegen kann. „Wir tragen ihn zu uns nach Hause“, sagt Klara. Buddel holt ein großes Sauerampferblatt, macht eine Schiebeliege und legt den Schmetterling darauf. Dann geht's ab nach Hause. Vor ihrem Hauseingang baut Klara aus Blumen und Gras ein weiches Bett. Die kleinen Mäuse helfen fleißig mit. Dort hinein legen sie den Schmetterling. Der kranke Schmetterling bedankt sich herzlich und fragt alle nach ihren Namen und stellt sich auch selber vor. Er heißt Leander. Nun halten Buddel, Klara und die Mäuse Tag und Nacht Wache und versorgen Leander mit allem, was er braucht. Schon nach wenigen Tagen ist er wieder gesund und kann wieder fliegen. Jetzt kommt er jeden Tag zu Besuch. Gemeinsam spielen, singen, reimen sie und genießen die langen Sommerabende zusammen, und weil sie sich so gut verstehen, beschließen sie, Freunde zu werden.

Auswertung Gespräch über Freunde

Klara und das Froschkonzert

Vierte Klarageschichte

Material Ein Froschbild

Einstieg Die Kinder sitzen im Kreis und schauen auf die Landschaft. Das Froschbild ist mit einem Tuch abgedeckt und liegt in der Kreismitte. Die Erzieherin stellt den Kindern ein Rätsel.

Rätsel Was ist das?
Er lebt im Wasser und am Land,
ist allen Menschen gut bekannt.
Er kann schwimmen, tauchen, quaken,
kann am Ufer lange warten.
Hat er Hunger, schnappt er Mücken,
sitzt sehr gerne unter Brücken.
(Frosch)

Die Erzieherin entfernt das Tuch und initiiert nun ein Sachgespräch zum Thema Frösche. Alles, was die Kinder über das Leben der Frösche wissen, wird nun zusammengetragen und von der Erzieherin ergänzt. Danach erzählt sie die folgende Geschichte.

Geschichte Jeder Tag hält für Klara und ihre Ferienkinder neue Überraschungen bereit. In der letzten Woche hatten die Kinder einmal zu viel Himbeereis gegessen und sie hatten Bauchweh bekommen. Vor drei Tagen ist eines ihrer Kinder beinahe in den Fluss gefallen. Vorgestern sind alle Schnecken, die die Mäusekinder gesammelt hatten, wieder ausgerissen. Darüber waren die Kinder sehr traurig. Den ganzen Nachmittag haben Buddel und sie damit verbracht, die Schnecken zu suchen. Erst spät am Abend waren alle wieder da. Heute Morgen wird Klara ganz früh von einem lauten Geräusch geweckt. So etwas hat sie bisher noch nicht gehört. Es kommt aus Richtung des kleinen Waldteichs. Auch Klaras Ferienkinder werden geweckt und das macht sie sehr ärgerlich. Nur Buddel schläft weiter und lässt sich nicht stören.

Klara rüttelt und schüttelt ihn, doch er rührt sich nicht. Das Geräusch wird von Minute zu Minute lauter und Klara wird immer ärgerlicher. „Nun ist aber genug", schimpft sie und trippelt zum Waldteich. Auf einmal kommt Leander, der Zitronenfalter, vorbei und fragt: „Wo willst du hin?" „Ich bin wütend", sagt Klara mit lauter Stimme. „Ich will sehen, wer so früh am Morgen schon einen Lärm macht, von dem sogar die Kinder wach geworden sind." „Bleib hier", ruft Leander, „ich weiß, wer den Lärm macht. Es sind die Frösche in dem Waldteich. Und übrigens ist das kein Lärm, sondern ein wunderbares Froschkonzert. Setz dich ganz ruhig hier auf diesen Stein und hör dir die Musik einmal an. Dann wirst du hören, wie schön sie ist." Zunächst will Klara gar nicht zuhören, so wütend ist sie. Doch dann setzt sie sich hin und siehe da, plötzlich hört sich der Lärm wirklich wie eine Melodie an. Klara sitzt mit Leander still da und lauscht dem Konzert.

„Es ist wirklich wunderschön", sagt sie leise und schließt ihre Augen. Beide sitzen da und sagen kein Wort. Mit einem Mal ist es still. „Das Konzert ist beendet", flüstert Leander und fliegt fort. „Schade", sagt Klara und geht wieder zu ihrem Ruheplatz. Dort schaut sie nach den Kindern. Da sie wieder eingeschlafen sind, legt auch sie sich noch einmal hin. Klara beschließt, wenn sie und die Kinder wieder wach sind, mit ihnen zu dem kleinen Waldsee zu gehen, um die Frösche zu besuchen. Kaum hat sie diesen Gedanken zu Ende gedacht, da ist sie auch schon wieder eingeschlafen

Auswertung

Ein Gespräch über Frösche kann sich anschließen. Zur Vertiefung eignen sich Sachbücher über Frösche (Literaturtipp: Meyers kleine Kinderbibliothek: Der Frosch)

Klara organisiert ein pitschnasses Sommerfest

Fünfte Klarageschichte

Material Himbeereis, für jedes Kind ein Eislöffel und ein kleines Schälchen, eine Kühltasche.

Einstieg Die Kinder sitzen im Kreis und die Materialien liegen griffbereit. Sie sind mit einem Tuch abgedeckt. Die Kinder werden zu einer Geschmacksaufgabe eingeladen und sollen ihre Augen schließen. Die Erzieherin gibt nun jedem Kind mit einem Löffel etwas Eis in den Mund. Sie erraten, was sie geschmeckt haben. Eiserlebnisse können nun ausgetauscht werden. Danach lädt die Erzieherin zur folgenden Geschichte ein.

Geschichte Klara und ihre Ferienkinder genießen jeden Tag, den sie zusammen hier auf der Wiese in der Sonne verbringen können. Jetzt sind die Kinder fast ständig draußen. Nur Klara und Buddel sitzen häufiger in ihrer kühlen Erdwohnung, trinken hier kühlen Holundersaft und jeden Mittag gibt es eine erfrischende Fruchtkaltschale. Wenn es mal ganz besonders heiß ist, dann hat Klara für die Mäusekinder eine köstliche Überraschung. Es gibt Himbeereis. Klara braucht nur zu rufen, dann sind blitzschnell alle zur Stelle. Die Ferienkinder haben in letzten Wochen viele Freunde gefunden, mit denen sie auf der Sommerwiese spielen. Käfer, Regenwürmer, Schmetterlinge, Glühwürmchen, Frösche, Libellen und viele andere große und kleine Tiere tummeln sich von morgens bis abends mit den Mäusekindern auf der Wiese herum. Wenn Klara genug Himbeereis hat, dann bekommen alle etwas ab. Die Tage vergehen und es wird immer heißer. Buddel kommt an manchen Tagen gar nicht mehr aus seinem Erdloch heraus. Er braucht dringend eine Abkühlung. Die Sommergewitter bringen nur für kurze Zeit Abkühlung, denn nach jedem Gewitter wird es schnell wieder sehr warm. Heute ist ein besonders schwüler Tag und kraftlos sitzen sogar die Mäusekinder mit ihren Freunden im Schatten des großen Baumes. Zum Toben haben sie keine Lust. „Wir brauchen eine Abkühlung“, stöhnen sie. Klara bringt ihnen kalten Saft, doch das ist noch nicht das Richtige. Mit einem Mal steht ein dicker Käfer auf, pflückt eine Glockenblume ab und fliegt fort. Wenige Sekunden später ist er wieder da und schüttet den Mäusekindern kühles Wasser über den Kopf. Quiekend und schreiend laufen sie auseinander, doch dann wollen sie mehr von dem kühlenden Wasser. Alles, was fliegen kann, pflückt nun Glockenblumen und holt damit Wasser aus dem kühlen Bach. So bekommen alle die Abkühlung, auf die sie schon lange gewartet haben. Sogar Buddel kommt aus dem Erdloch und lässt sich nass spritzen. Klara schaut zu und hat plötzlich eine Idee. „Wir machen übermorgen ein pitschnasses Sommerfest“, sagt sie. Alle finden diesen Vorschlag gut und helfen am nächsten Tag bei den Vorbereitungen mit. Es wird nun gebacken und Saft gemacht.

Klara stellt ganz viel Himbeereis her und Buddel bereitet wunderschöne Spiele vor. Die Vögel bauen aus großen Sauerampferblättern kleine Schwimmbecken und Hängematten, die Marienkäfer dichten Sommerlieder und Geschichten. Die Heuschrecken schleppen in den Glockenblumen Wasser heran und füllen damit die Schwimmbecken. Die Glühwürmchen putzen ihr Leuchtkleid, damit sie in der Nacht ganz hell leuchten und sie das Fest zusammen lange feiern können. Die Ameisen schreiben noch Einladungskarten und die Schmetterlinge bringen sie zu den Tieren, die bis jetzt noch nichts von dem Fest gehört haben, die aber auch kommen sollen. Der Vorbereitungstag vergeht wie im Flug und dann ist es endlich so weit. Das Sommerfest steht vor der Tür. Pünktlich um die Mittagszeit trudeln die Gäste ein. Jeder hat seine Badesachen mitgebracht. Klara und Buddel begrüßen die Gäste und dann wird bis in die Nacht hinein gegessen, getrunken, gelacht und es werden viele pitschnasse Spiele gemacht. Alle haben sehr viel Spaß. Die Glühwürmchen geben sich viel Mühe, um am Abend die Wiese zu erleuchten. Doch um Mitternacht sind die Gäste müde. Jeder bedankt sich bei Klara und Buddel und macht sich auf den Heimweg. Als die Gäste fort sind, legen sich Klara, ihre Ferienkinder und auch Buddel sofort schlafen. Doch heute kommt jedes Mäusekind angekrabbelt, gibt Klara einen Kuss und piepst: „Danke für das wunderschöne Fest.“ „Es hat mir auch Spaß gemacht und wir können es irgendwann vielleicht noch einmal wiederholen“, sagt sie und schläft sofort ein.

Abschluss

Mit den Kindern kann über ein gemeinsames pitschnasses Fest nachgedacht werden, denn bei großer Hitze ist so ein Fest bestimmt sehr schön und eine kühle Abwechslung (Anregungen finden Sie auf den Seiten 111 ff).

Klara nimmt Abschied

Vers für den letzten Tag der Sommerreise

Material Klara und eine kleine gelben Maus.

Einstieg Die Erzieherin setzt Klara und das letzte Mäusekind in die Kreismitte auf ein Tuch und sagt den Kindern, dass heute dieses Mäusekind zu einem Kind mit nach Hause möchte und das Klara dann Abschied nehmen muss. Sie lässt Klara noch einmal bei leiser Musik im Kreis herumgehen. Dabei können die Kinder an die vielen schönen Sommererlebnisse mit Klara denken und sich noch einmal daran zurückerinnern. Nun nimmt die Erzieherin Klara in die Hand und trägt den Vers vor.

Vers Der Sommer, der ist bald vorbei,
der Wind bringt Kälte schon herbei.
Ja, Klaras Gäste sind nun fort,
sie sind an einem anderen Ort,
in der schönen weiten Welt,
die ihnen ja so gut gefällt.
Der Sommer, der hat Spaß gemacht,
zusammen haben sie gelacht.
Klara sitzt am Wiesenrand,
(Klara an den Tuchrand setzten)
hat ein Kind noch an der Hand.
(die gelbe Maus ganz nah an Klara setzen)
Klara gibt zum guten Schluss
der letzten Maus noch einen Kuss.
(Klara küsst das Mäusekind)
Die kleine Maus geht nun hinaus
und sucht ein Menschenkind sich aus.
Mit dir will sie nach Hause gehen,
bei dir, da ist's bestimmt sehr schön.
(Die Erzieherin bringt das Mäusekind zu dem Kind, das heute das letzte Mäusekind bekommt)

Abschluss

Bei ruhiger Musik wird Klara noch einmal im Kreis herumgegeben und jedes Kind kann ihr zum Abschied etwas wünschen. Die Kinder können sich aber auch noch einmal ein Sommerlied, ein Sommerfingerspiel oder eine Reimgeschichte aus dem Sommerprojekt wünschen, das sie dann Klara zum Abschied vorsingen, -spielen oder vortragen.

Die Erzieherin nimmt Klara in die Hand und sagt einen kleinen Vers, mit dem sich Klara verabschiedet und verschwindet.

Vers

Liebe Kinder, ich muss gehn,
der Sommer mit euch war sehr schön.
Vielleicht komm ich ja bald zurück,
bis dahin wünsch ich euch viel Glück.

Der besondere Tipp

Wir bedrucken ein Erinnerungs-T-Shirt
Jedes Kind bringt ein helles T-Shirt mit. Dieses wird nach dem Motto „Klara und ihre Sommermäuse“ mit Stoffmalstiften bemalt.
Nach dem Bügeln ist es eine bleibende Erinnerung an Klara und kann die Kinder auf Schritt und Tritt begleiten.

Inhalt der roten Seiten

Ein Summen ist zu hören

Lied

Material Eine große Auswahl an Orff-Instrumenten, mit denen das Lied begleitet werden kann.

Refrain Ein Summen ist zu hören, Krabbeln ist zu sehn,
kommt lasst uns nun gemeinsam auf diese Wiese gehn.
Der Sommer kam ganz leise, zu uns in der Nacht,
er hat ganz viele Dinge für uns mitgebracht.

Hörst du auch das leise Summen,
das Zwitschern, Zirpen und auch Brummen.
Ein Jeder hört das, weit und breit,
in der so schönen Sommerzeit.

Refrain Ein Summen ist zu hören …

Ein Vogel trillert nie allein,
viel lieber trillert er zu zwein.
Sie trillern nun ein Sommerlied,
komm, hör still zu und triller mit.

Refrain Ein Summen ist zu hören …

Die Biene, die summt nie allein,
viel lieber summt sie auch zu zwein.
Sie summen nun ein Sommerlied,
komm, hör still zu und summ dann mit.

Refrain Ein Summen ist zu hören …

Der kleine Frosch quakt nie allein,
viel lieber quakt auch er zu zwein.
Sie quaken nun ein Sommerlied,
komm, hör still zu und quak dann mit.

Refrain Ein Summen ist zu hören …

Das kleine Kind singt nie allein,
viel lieber singt es doch zu zwein.
Sie singen nun ein Sommerlied,
komm, hör still zu und sing dann mit.

Refrain Ein Summen ist zu hören …

Schmetterlinge

Kreisspiellied

Material Viele grüne, rote, gelbe, blaue und bunte Tücher, die die Kinder beim Tanzen umhängen können

An dem kleinen, schönen See,
zwischen Farnen und dem Klee,
ist ein Schmetterling zu Haus,
hier, da kennt er sich gut aus.

Morgens, wenn die Sonne scheint,
nur nicht, wenn der Regen weint,
fliegt ein Schmetterling daher,
warme Sonne mag er sehr.

Refrain Schmetterlinge, bunt und schön,
kann man im Sommer tanzen sehn.
Farbig wie ein Regenbogen,
kommen sie daher geflogen.

Aus der Ferne kommt sodann
noch ein Schmetterling heran,
beide kann man, bunt und schön,
in der Sonne fliegen sehn.

Aus dem Wald kommen noch mehr
bunte Schmetterlinge her,
tanzen froh im Sonnenschein,
keiner ist jetzt mehr allein.

Refrain Schmetterlinge, bunt und schön ...

Abends fliegen sie nach Haus,
ruhn sich dann vom Tanzen aus,
still sitzen sie an dem See
zwischen Farnen und dem Klee.

Refrain Schmetterlinge, bunt und schön ...

Spielanweisung Mit den Tüchern werden die Schmetterlinge, der Wald, der Farn, die Blumen oder der Klee dargestellt und die Kinder können dem Text entsprechend tanzen und spielen.

Kommt, lasst uns Seifenblasen machen

Lied

Material Eine große Auswahl an hell klingenden Orff-Instrumenten, das unten genannte Material für ein anschließendes Spiel mit Seifenblasen

Refrain Kommt, lasst uns Seifenblasen machen,
ihr stiller Tanz bringt uns zum Lachen.
Ja, Seifenblasen, große, kleine,
fliegen zur Sonne ganz alleine.

Ich puste in den Seifenring
und zauber' damit leis' und flink,
wunderschöne bunte Blasen,
setzen sich auf viele Nasen.

Refrain

Kommt, lasst uns Seifenblasen machen ...

Sie schweben lautlos vor mir her,
ihr schöner Tanz gefällt mir sehr.
Plötzlich platzen sie ganz leise
und vorbei ist ihre Reise.

Refrain

Kommt, lasst uns Seifenblasen machen ...

Auch wir, wir tanzen ganz geschwind,
weil wir jetzt Seifenblasen sind.
Auch wir platzen nun ganz leise
und vorbei ist unsere Reise.

Refrain

Kommt, lasst uns Seifenblasen machen ...

Rezept für Seifenblasen (für 10 l Seifenwasser)

Hinweis: Für weniger Seifenwasser wird die Menge einfach reduziert
Zutaten: 750 g Neutralseife, 250 g Tapetenkleister, 500 g Zucker, 10 l Wasser,
Herstellung: Neutralseife, Kleister und Zucker mit 1 l Wasser anrühren und 24 Stunden stehen lassen. Dann die übrigen 9 l Wasser dazugeben und gut verrühren.

Herstellung eines Seifenrings

Gut biegsamer, aber nicht zu dünner Zaundraht (für kleinere Ringe eignen sich auch Pfeifenputzer) zu einem Ring zusammendrehen. Größere Ringe werden aus Blumendraht gemacht und mit Mullbinde oder anderem saugfähigen Stoff ganz dünn umwickelt. So wird das Seifenwasser besser aufgesaugt. Nun kann gepustet werden. Sind die Ringe groß, so zieht man sie besser durch die Luft, um die Seifenblasen zu erzeugen.

Die Sonne lockt mich aus dem Haus

Lied

Material Eine Auswahl an Orff-Instrumenten zur Liedbegleitung

Refrain Die Sonne lockt mich aus dem Haus,
ich ziehe Schuh und Strümpfe aus,
lauf barfuß über Stock und Stein,
der Sommer der soll ganz lang sein.

Der Sommer schmeckt wie Himbeereis.
Läuft von der Stirn mir mal der Schweiß,
lutsch ich ein Eis, wie gut das tut,
es schmeckt dann ganz besonders gut.

Der Sommer riecht nach trocknem Gras,
darin zu toben macht viel Spaß,
ich lieg darin und ruh mich aus,
lauf in den Sommer dann hinaus.

Refrain Die Sonne lockt mich …

Der Sommer klingt so wie ein Lied,
ich lad dich ein, komm sing jetzt mit.
Ich singe dann so laut ich kann
und fang von vorne wieder an.

Refrain Die Sonne lockt mich …

Der Sommer glänzt wie Edelstein,
im Sommer bin ich nie allein.
Ich spiel im Wasser und im Sand,
lieg auf der Wiese, träum vom Strand.

Refrain Die Sonne lockt mich …

Ein Sonntag im Klanggarten von Professor Primel

Klanggeschichte

Hinweis Einige Tage vorher lädt die Erzieherin die Kinder zum Basteln von Klanginstrumenten ein.

Blumentopfglockenspiel:
4 oder 5 verschieden große Blumentöpfe werden mit einer Kordel an einem Besenstiel aufgehängt. Dieser liegt auf zwei Stuhllehnen. Die Glocken werden mit einem Trommelschlägel oder mit einem Holzlöffel angeschlagen.

Dosenglockenspiel:
In den Boden verschieden großer Blechdosen wird mit einem Nagel jeweils ein Loch geschlagen. Auch die Dosen werden mit einer Kordel an einen Besenstiel gehängt und mit einem Holz- oder Metalllöffel angeschlagen.

Nagelglockenspiel:
verschieden lange und dicke Nägel, Schrauben, Löffel oder Flaschenöffner werden an Kordeln an einem Besenstiel aufgehängt. (siehe Blumentopfglockenspiel)

Siebrasseln:
Für eine Rassel werden zwei Teesiebe aus Metall mit Glöckchen gefüllt und mit Klebeband am Stiel zusammengebunden.

Material Die gebastelten Instrumente, Blumenbilder wie Sonnenblume, Gänseblümchen, Klatschmohn, wilde Margerite, ein Knäuel dicke Wolle

Einstieg Die Materialien liegen griffbereit und sind mit einem Tuch abgedeckt. Die Kinder sitzen im Kreis. Die Erzieherin nimmt das Wollknäuel und sagt, dass alle gemeinsam das Spinnennetz der Sommerspinne Adelgard spinnen wollen. Sie nimmt das Fadenende in die Hand und wirft einem Kind das Wollknäuel zu. Dieses Kind hält den Faden fest, nennt eine Sommerblume und wirft das Knäuel einem anderen Kind zu usw. So entsteht nach und nach ein Spinnennetz (Es macht nichts, wenn fünfmal die gleiche Blume genannt wird. Und sollte einem Kind mal gar nichts einfallen, so wirft es das Knäuel einfach so weiter).

Nun legen alle vorsichtig das Spinnennetz auf den Boden und die Erzieherin erzählt den Kindern die Geschichte von Professor Primel, bei dem Adelgard wohnt.

Geschichte

Professor Primel hat eine ganz besondere Fähigkeit. Er kann den Klang der Blumen hören. Aber leider nur im Sommer, weil es dann fast ganz windstill ist auf der Wiese hinter seinem Haus. Professor Primel hat für jede Blume ein eigenes Instrument gebastelt. Es klingt so wie die Blume und deshalb kann er sich mit jeder Wiesenblume unterhalten. Professor Primel ist, wenn er mit seiner Freundin, der dicken Spinne Adelgard, in seinem Garten sitzt und mit seinen Blumen spricht, der glücklichste Professor von der Welt. Jeden Sommersonntag lädt er Kinder zu sich in den Hinterhof ein und zeigt ihnen seine vielen selbst gemachten Instrumente. Neben jeder Blume steht das entsprechende Instrument und hier können die Kinder sehen, wie Professor Primel sich mit den Blumen unterhält. Dann stellt er den Kindern seine selbst gemachten Instrumente vor und geht mit ihnen zuerst zum Blumentopfglockenspiel. Es steht neben einer großen Sonnenblume. Ganz vorsichtig bringt Professor Primel die Blumentöpfe zum Klingen und sagt: „Das Blumentopfglockenspiel klingt wie die Sonnenblumen.“ Und schlägt noch einmal leise an jede Glocke. Nun gehen sie weiter zum Dosenglockenspiel. Es steht neben einer wilden Margerite. „Dieses Glockenspiel klingt wie die wilde Margarite“, sagt er und schlägt das Dosenglockenspiel leise an.

Gemeinsam gehen sie zum Nagelglockenspiel. Neben ihm steht ein Klatschmohn: „Dieses Glockenspiel klingt wie der Klatschmohn", sagt der Professor und schlägt auch dieses Glockenspiel an. Als letztes zeigt Professor Primel den Kindern die Siebrasseln. Sie liegen neben vielen kleinen Gänseblümchen. „Diese Rasseln klingen wie die Gänseblümchen", sagt er und gibt jedem Kind eine Siebrassel. Als die Kinder damit spielen, drehen die kleinen Gänseblümchen ihre Köpfe vor Freude leicht hin und her. Nun lädt Professor Primel die Kinder zu einem Blumenkonzert ein. Jeder sucht sich ein Instrument aus, mit dem er Musik machen will. Alle nehmen neben den Blumen Platz und Professor Primel erzählt die Sommerblumenkonzertgeschichte.

(Der folgende Teil wird zweimal vorgelesen und die Wiederholung wird verklanglicht)

Auf einer bunten Sommerwiese stehen zwischen vielen anderen Blumen die Sonnenblume, die wilde Margerite, der Klatschmohn und viele kleine Gänseblümchen (die einzelnen Instrumente spielen). Sie lieben ihr Zuhause und freuen sich über jeden Sonnentag. Wenn der leichte Sommerwind (alle Kinder pusten) über sie hinweggleitet, dann hört man ihre Musik bis in den Wald hinein (alle Instrumente spielen).

Mit ihrer Musik erfreuen sie die Tiere, die nach der Blumenmelodie fröhlich tanzen. Einige Tiere folgen der Musik und laufen auf die

Sommerwiese (alle Instrumente spielen), wo sie die wunderschöne Blumenmelodie noch besser hören können. Manchmal entspannt sie die Musik so sehr, dass sie einschlafen, ja und dann spielen die Gänseblümchen, die Sonnenblume, die wilde Margerite und der Klatschmohn nur noch ganz leise. Wenn der Abendwind kommt (Kinder pusten), wiegen sich die Sonnenblume, die wilde Margerite und der Klatschmohn sanft in den Schlaf (alle Instrumente spielen leise und hören nacheinander auf, bis auf die Siebrasseln). Dann spielen nur noch leise die vielen Gänseblümchen (Siebrasseln spielen). Doch schon bald schläft eins nach dem andern ein (mit dem Spielen nacheinander aufhören) und ein warmer Sommertag auf der Wiese geht zu Ende.

Auch für die Kinder geht der Nachmittag im Klanggarten von Professor Primel zu Ende. Sie verabschieden sich und zur Erinnerung bekommt jedes Kind eine Sonnenblume mit nach Hause.

Abschluss

Nachdem die Kinder diese Geschichte gehört haben, werden ihre selbst gemachten Instrumente geholt. Mit ihnen kann nun experimentiert werden. Die Blumenbilder werden den Instrumenten zugeordnet und nur der zu verklanglichende Teil der Geschichte wird mit Instrumenten begleitet. Auf Wunsch kann dieser Teil noch einmal mit vertauschten Instrumenten verklanglicht werden.
Ein anschließender Suchspaziergang, bei dem Ausschau nach Sommerblumen gehalten wird, kann dieses Angebot abschließen.

Tipp

Sommerblumen können gesammelt, gepresst und dann als Erinnerungssommercollage zusammengestellt werden.

O weh, o Schreck, das Kind ist weg

Klanggeschichte

Material

Triangel, Klangstäbe, 2 große Glocken, 5 kleine Glocken, Handtrommel, Holzblock, mehrere Rasseln, eine kleine Auswahl an anderen Orff-Instrumenten, ein großes Abdecktuch, ein großer Weidenkorb, für jedes Kind eine Sitzgelegenheit und ein Vergrößerungsglas

Instrumentenvorschläge:
Sonne: Triangel
Menschen: Klangstäbe
Tiere: verschiedene Orff-Instrumente
Käfer: 2 große Glocken und 5 kleine Glocken
Wiese: Handtrommel
Holzbrücke: Holzblock
Vögel: mehrere Rasseln

Vorbereitung

Auf einer Wiese wird ein Sitzkreis gestellt. Die Instrumente liegen griffbereit in dem Korb und sind mit einem Tuch abgedeckt.

Einstieg

Die Erzieherin verteilt Vergrößerungsgläser und gibt den Kindern Zeit, um damit die Wiese zu untersuchen. Danach bilden sie wieder einen Kreis und erzählen, was sie entdeckt haben. Nun leitet die Erzieherin zur folgenden Geschichte über und erzählt diese zunächst ohne Einsatz der Instrumente.
Beim zweiten Erzählen sollen die Kinder die Geschichte verklanglichen.

Geschichte

Gerade im Sommer, wenn die Sonne es besonders gut meint und ihre oft sehr heißen Strahlen auf die Erde schickt (Triangel), fliehen Menschen (mehrere Klangstäbe) und Tiere (verschiedene Orff-Instrumente) vor der großen Hitze und suchen sich ein schattiges Plätzchen. So geht es auch den beiden Käfern, Herrn und Frau Krabbel (2 einzelne Glockentöne). Erst vor wenigen Tagen hat Frau Krabbel

Nachwuchs bekommen und nun krabbeln in ihrer Wohnung unter einer dicken Baumrinde nicht nur Herr und Frau Krabbel, sondern auch noch fünf kleine putzmuntere Kinder (5 kleine Glockentöne). Jetzt wird ihnen diese kleine Wohnung sehr eng und bei dieser Hitze auch viel zu warm. Deshalb machen sich Vater und Mutter Krabbel und ihre fünf Kinder auf die Suche nach einer größeren Wohnung (alle Glockentöne spielen zusammen). Die große Familie (alle Glockentöne spielen) zieht weiter und Vater Krabbel ist guten Mutes: „Wir werden bestimmt eine wunderschöne große Wohnung finden, das spüre ich in meinen Füßen", sagt er und die Käferfamilie krabbelt weiter (alle Glockentöne spielen). Der Weg führt sie über Wiesen (Glockentöne und Handtrommel, die mit der Hand gerieben wird) und über eine Holzbrücke (Glockentöne und Holzblock). Die kleinen Käferkinder finden ihren Ausflug sehr interessant. Überall gibt es für sie etwas zu entdecken. Die Fünf krabbeln hierhin und dorthin (kleine Glockentöne spielen) und Mutter Krabbel hat viel zu tun, um ihre Kinder nicht zu verlieren. Nach einem langen Marsch kommen sie erschöpft am Wiesenrand an. Nun haben alle ein Pause verdient. Familie Krabbel krabbelt unter ein großes Sauerampferblatt (alle Glockenspiele spielen), um sich in dem Schatten auszuruhen. Mutter Krabbel zählt nun zur Vorsicht noch einmal ihre Kinder.

Sie zählt: „Eins, zwei, drei, vier"
(jeweils ein Glockenton wird angeschlagen), doch weiter kommt sie nicht, denn das fünfte Kind ist nicht da. Ganz laut ruft sie: „O weh, o Schreck, ein Kind ist weg." Aufgeregt läuft Mutter Krabbel den Weg zurück und ruft immer wieder nach ihrem verschwundenen Käferkind (ein Glockenton). Sie kann es jedoch nirgendwo entdecken. Nun rennt Vater Krabbel los (ein Glockenton). Auch er schaut über-

all nach, kann sein verschwundenes Käferkind jedoch auch nicht finden. Als er zurückkommt, sind die vier Geschwister sehr traurig und auch sie suchen den verschwundenen kleinen Käfer (vier kleine Glocken werden gespielt). Mutter Krabbel ist sehr verzweifelt. Immer wieder ruft sie: „O weh, o Schreck, mein Kind ist weg!" Plötzlich hören sie über sich ein lautes Zwitschern und Piepsen. Mutter Krabbel schaut hoch und entdeckt eine Schar Vögel (mehrere Rasseln). Sie müssen helfen. Mutter Krabbel krabbelt, so schnell es geht, auf einen langen Grashalm (Glockenton). Von dort aus winkt sie mit ihren Flügeln, um die Vögel herbeizulocken (Glockenton). Ein Vogel sieht Mutter Krabbel und kommt sofort angeflogen (Rassel). Aufgeregt erzählt Mutter Krabbel von dem verlorengegangenen Kind (Glockenton). Der Vogel verspricht zu helfen, berichtet seinen Geschwistern von dem verloren gegangenen Käferkind (Rassel) und dann fliegen sie los (alle Rasseln). Sie halten aufmerksam Ausschau nach dem Käferkind. Plötzlich hört ein Vogel jämmerliche Töne (leiser Glockenton). Er schaut nach unten und entdeckt auf einem wackeligen Grashalm den kleinen Käfer. Er sitzt ganz still da und hat Angst, sich zu bewegen. Blitzschnell fliegt der Vogel hinunter, greift mit dem Schnabel nach dem Käfer und fliegt dorthin zurück, wo er die Käferfamilie getroffen hat (Rassel). Dort angekommen gibt er den Käfer ab und noch bevor sich Frau Krabbel bedanken kann, fliegt er wieder zu seinen Geschwistern (Rassel). Alle sind froh, den kleinen Ausreißer wiederzuhaben. Nach solch einem Abenteuer krabbeln alle unter das große Sauerampferblatt (alle Glockentöne) und die fünf Kleinen schlafen sofort ein. „Hier ist Platz für alle", sagt Vater Krabbel. „Hier wollen wir bleiben", flüstert Mutter Krabbel leise und dann schlafen auch sie.

Abschluss

Der Korb wird in die Mitte gestellt und in einer Experimentierphase kann jedes Kind die Instrumente ausprobieren. Danach werden sie den Geschehnissen zugeordnet und die Geschichte wird verklanglicht.

Heut Nacht, da hatt ich einen Traum

Klangvers

Material Eine Auswahl an Orff-Instrumenten für Frosch, Hase, Sonne, Wind, Blätter, Maus, Schnecke, Vogel, ein großes grünes Tuch, viele gleichlange Zweige
Raumvorbereitung: Die Materialien liegen griffbereit und sind mit einem Tuch abgedeckt.

Einstieg Die Kinder stehen im Kreis zusammen und halten ihre Hände auf den Rücken. Die Erzieherin gibt den Kindern einen Zweig in die Hand. Sie sollen ihn ertasten. Auf ein Signal der Erzieherin sagen alle das, was sie erfühlt haben. Die Zweige regen zu einem Gespräch an. Danach legt die Erzieherin das grüne Tuch in die Mitte und aus den Zweigen wird gemeinsam ein Baum gelegt. Die Erzieherin erzählt danach die folgende Versgeschichte.

Geschichte Heut Nacht, da hatt' ich einen Traum,
plötzlich war ich ein großer Baum.
Die Blätter tanzten, sangen leise,
der Wind, er machte eine Reise.
Die Sonne stand am Himmelszelt
und schickte Wärme in die Welt.
Ein kleiner dunkelbrauner Hase,
der saß da, rümpfte die Nase.
Spitzte die Ohren und war weg,
er hoppelte zu einem Fleck,
an dem ein Frosch ganz stille saß
und an einer Fliege fraß.
Der Frosch erschrak und war schnell weg,
er hoppelte zu einem Fleck,
an dem die Maus ganz stille saß
und an einem Apfel fraß.
Die Maus erschrak, war ganz schnell weg,
er hoppelte zu einem Fleck,

an dem die Schnecke ganz still saß
und sich an einem Blatt satt fraß.
Sie erschrak, war ganz schnell weg,
er hoppelte zu einem Fleck,
an dem ein Vogel ganz still saß
und sich an einem Wurm satt fraß.
Er erschrak, flog in den Baum
und weckte mich aus meinem Traum.
Die Sonne, die ich so gern mag,
sie sagte freundlich: „Guten Tag."

Abschluss Die Instrumente werden in den Kreis geholt. Mit ihnen können die Kinder experimentieren. Danach werden sie den oben genannten Dingen zugeordnet. Die Versgeschichte kann nun verklanglicht werden.

Variation Diese Geschichte kann auch dargestellt werden. Einzelne Kinder übernehmen die Rollen und mit wenigen Requisiten ist schnell ein pantomimisches Theaterstück entstanden.

Inhalt der blauen Seiten

Versspielgeschichte: Unter einer Sonnenkappe
Mitmachgeschichte: Ein Sommertag am Waldteich
Märchen: Die Kräuterzwerge
Mitmachgeschichte: Prinzessin Pitschenass
Malgeschichte: Ich male jetzt, das geht ganz leis
Versgeschichte: Das verflixte Sommerlabyrinth
Fingerspielgeschichte: Wenn morgens früh die Sonn aufgeht
Reimgeschichte: Im Sommer in der Urlaubszeit
Geschichte: Als der große Regen kam
Klangvers: Vertrocknet ist das grüne Gras
Spielgeschichte: Es war einmal ein kleiner Frosch
Spielgeschichte: Das Heuhotel
Bewegungsgeschichte: Gymnastik für den kranken Maulwurf

Unter einer Sonnenkappe

Versspielgeschichte

Material Mehrere Tische, Stoffmalfarbe, Zeitungspapier, zwei gut zu erfühlende Bauernhoftiere, für jedes Kind eine Sitzgelegenheit und eine einfarbige helle Stoffsonnenkappe

Vorbereitung Ein Sitzkreis wird gestellt. In der Mitte liegt eine Sonnenkappe. Darunter liegen Klara und die zwei Bauernhoftiere. Diese ist mit einem Tuch abgedeckt. Einige Tische mit Zeitungspapier, den Sonnenkappen und der Stoffmalfarbe stehen an einem schattigen Platz für ein anschließendes Kreativangebot bereit.

Einstieg Die Erzieherin entfernt das Tuch und die Kinder betrachten die in der Mitte liegende Sonnenkappe. Sie erzählen alles, was ihnen dazu einfällt (Warum braucht man sie? Wer braucht sie? Wo braucht man sie? Wann braucht man sie? usw.). Nun erzählt und spielt die Erzieherin den folgenden Vers.

Vers

Unter dieser Sonnenkappe,
schaut diese, die ist nicht aus Pappe,
(mit dem Finger auf die Kappe zeigen)
wollen ganz viele Tiere ruhn,
woll'n bei der Hitze gar nichts tun.
(mit dem Kopf schütteln)
Hier ist es kühl, hier hält man's aus,
die Kappe ist ihr Sommerhaus.
(auf die Kappe zeigen)
Ahnst du, wer sich dort versteckt,
(auf ein Kind zeigen und es raten lassen)
hast du dort schon was entdeckt?
(auf alle Kinder zeigen)
Fühl einmal mit deiner Hand,
(auf ein Kind zeigen)
du fühlst bestimmt so allerhand.
(es soll das Tier erfühlen, es benennen und raten, aber nicht das Tier unter dem Hut hervorholen)
Fühl du einmal mit deiner Hand,
(auf ein anderes Kind zeigen)
auch du fühlst gleich so allerhand.
(wie oben)
Wer will fühlen, kommt habt Mut,
doch fühlt genau und ratet gut.
(Die Kinder, die wollen, können nacheinander fühlen und raten. Die Tiere bleiben weiterhin darunter liegen. Wenn sie wollen, können sie sich auch gegenseitig die Lösung ins Ohr flüstern.)
Es gab für euch viel zu entdecken,
man kann sich hier auch gut verstecken.
Ach ist das heiß, ich glaub, ich schwitze,
(mit der Hand über die Stirn gehen)
was ist das heut für eine Hitze.
Ach, ich nehm' die Sonnenkappe,
die kühlt, denn sie ist nicht aus Pappe.

(Die Sonnenkappe nehmen, aufsetzen und erschrocken den folgenden Text sagen)
Du meine Güte, ach, o Schreck,
die Sonnenkappe ist nun weg.
Die Tiere liegen in der Hitze,
ihnen fehlt die Sommermütze.
Ihr Drei nehmt schnell die Tiere fort,
(auf drei Kinder zeigen)
bringt sie an einen kühlen Ort.
(Die Kinder holen die Tiere aus der Mitte und legen sie irgendwo in den Schatten)

Abschluss

Ein Gespräch über die Gefahren der Sommersonne und wie man sich davor schützen sollte kann sich anschließen.

Kreativangebot

Während des anschließenden „Freiluftfreispiels“ kann sich jedes Kind eine Sonnenkappe gestalten. Sie wird mit dem Namen versehen und im Materialkasten aufbewahrt. So hat im Sommer jedes Kind eine eigene (wichtige) Sonnenschutzkappe.

Ein Sommertag am Waldteich

Mitmachgeschichte

Material Für jedes Kind ein Schraubglas und ein Plastikbecher (eventuell ein Planschbecken, Sand, Steine, ein großes Speisfass, Wasserpflanzen, Wasserschlauch)

Hinweis Suchen Sie, wenn Sie die Möglichkeit haben, für dieses Angebot einen Teich auf. Ausgestattet mit kleinen Schraubgläsern und Plastikbechern kann sich jedes Kind von dort etwas Wasser mitnehmen und eventuell in seinem Beobachtungsglas das Leben der Teichtiere beobachten.
Sollte kein Teich in der Nähe sein, so kann man auf Sachbilderbücher zurückgreifen.

Einstieg Die Kinder können, wenn sie dieses Angebot an einem Teich machen, zunächst einmal nach Herzenslust beobachten, sammeln und erzählen. Aber auch ein Sachbuch bietet genügend Erzählstoff.
Hinweis: Die Geschichte sollte zunächst ohne Bewegung erzählt werden. So können die durchgeführten Bewegungen nach dem ersten Erzählen ein wenig geübt werden, bevor die Geschichte dann noch einmal – diesmal mit Bewegung – wiederholt wird.

Geschichte

Im Sommer, wenn die Sonne rund und groß man Himmel steht (alle Kinder fassen sich an und halten ihre Arme in die Luft) und jedes Kind mit ihren warmen Strahlen kitzelt (das Nachbarkind kitzeln), dann treffen sich in dem kühlen Tannenwald (hinstellen und die Arme spitz über den Kopf zusammenlegen) an dem kühlen Waldteich (alle Kinder fassen sich an und bilden einen Kreis) viele Tiere. Der Teich wird von vielen Seerosenblättern zugedeckt (mit den Händen eine offene Schale bilden und in den Kreis halten). Obwohl kein Wind weht, schaukeln sie leicht hin und her (die Hände in der Schalenhaltung leicht hin und her bewegen), denn die vielen kleinen und großen Fische (die Hände in Gebetshaltung halten und wellenförmig hin und her bewegen), die hier im Teich ihr Zuhause haben, bringen das Wasser und somit auch die Seerosenblätter (mit den Händen eine offene Schale bilden und in den Kreis halten) in Bewegung. Im Laufe des Tages treffen die Tiere hier ein und jeder hat an dem Teich schon seinen Stammplatz. Die Libellen fliegen mitten auf den Teich und ruhen sich dort auf den Seerosenblättern aus (im Raum „herumfliegen“ und alle zusammen in der Kreismitte in die Hocke gehen).

(Die Kinder können den folgenden Teil der Geschichte selbst gestalten, indem sie Tiere aufzählen und darstellen, die ihrer Meinung nach täglich zum Teich kommen.)

Erst am Abend, wenn die warme Sommersonne untergeht (die Kinder fassen sich an, halten ihre Hände hoch und führen sie langsam herunter), verlassen die Tiere wieder den Wald (mit den Armen die Bäume darstellen). An dem Waldteich (die Arme zu einem großen Kreis zusammenhalten) ist es jetzt ganz still. Nun schwimmen auch die Fische auf den Grund des Sees (Hände in Gebetshaltung legen und nach „unten“ schwimmen), um dort in den Gängen und Höhlen zu schlafen. Nur die Seerosenblätter, die jetzt noch weit geöffnet den See zudecken (mit den Händen eine offene Schale bilden und in den Kreis halten), schlafen noch nicht. Sie schaukeln noch sanft im Abendwind (Hände ein wenig hin und her bewegen). Doch auch sie rollen langsam ihre Blätter ein (die Hände langsam zur Faust schließen). Nun bricht über den Waldteich die Nacht herein und bis zum nächsten Morgen ist nichts mehr zu sehen und zu hören (Hände langsam hinter den Rücken legen).

Abschluss

Nun werden die einzelnen Bewegungen zunächst ein wenig geübt und ohne den Ablauf gespielt. Danach kann die Geschichte aktiv durch die Bewegungen mitgestaltet werden.

Kreative Sommeraktion

Gestalten Sie mit einem oder mehreren verschieden großen Wasserfässern, Sand, Steinen, Wasserpflanzen und vielleicht sogar kleinen Fischen an einem halbschattigen Ort eine eigene kleine Garteichanlage. Schön zusammengestellt und mit Töpfen voller blühender Gartenblumen umrandet, ist dieses bestimmt ein gefragter Sommerplatz, der zum Verweilen, Beobachten und Geschichten erzählen einlädt.

Tipp

Diese Sommeraktion wird bestimmt auch die Zustimmung der Eltern finden. Informieren Sie sie und bitten Sie um Unterstützung. Sie werden über die Hilfsbereitschaft erstaunt sein.

Die Kräuterzwerge

Märchen

Material Ein Korb mit Kräutern, Samen, Blumenerde, eventuell Stauden und anderen Riechpflanzen und Büschen, Spaten, ein Vogelnetz, Sitzgelegenheiten, leere Holzkisten, Blumentöpfe oder andere Behältnisse

Einleitung Die Kinder sitzen auf Decken, Hockern oder Stühlen und betrachten den Kräuterkorb. Sie erfahren etwas über schmackhafte und gesunde Kräuter und Pflanzen. Dabei sollen sie ihre Sinne einsetzen und die Kräuter riechen, fühlen und schmecken.
Es sollte den Kindern in diesem Zusammenhang deutlich vermittelt werden, dass es auch giftige Pflanzen gibt und man darum nicht einfach Pflanzen, die man nicht kennt, in den Mund nehmen und probieren darf. Danach erzählt die Erzieherin das Märchen. Sie bittet die Kinder, besonders gut aufzupassen, denn in diesem Märchen kommen Märchenfiguren vor, die alle kennen. Diese sollen sie zum Schluss der Geschichte noch einmal gemeinsam zusammentragen.

Geschichte Es waren einmal 7 Kräuterzwerge. Die wohnten weit draußen, nahe bei Schneewittchen in einem großen Wald aus Tannen und Laubbäumen. Die 7 Zwerge bewohnten ein kleines Haus, aber sie hatten einen großen Garten. Es war ein ganz besonderer Garten. Hier wuchsen keine Möhren, Gurken oder Radieschen, sondern viele, viele duftende Kräuter. Diese Kräuter rochen nicht nur gut, sie waren auch noch sehr gesund. Kochte man von diesen Kräutern Tee, dann war im Nu das Bauchzwicken und -zwacken verschwunden, der Husten war über alle Berge und auch das Fieber war plötzlich wie vom Erdboden verschwunden. Aus manchen Kräutern konnte man auch Salate machen und einige zum Kochen benutzen. Von weit her kamen Menschen, um diese gesunden Kräuter zu kaufen. Die 7 Zwerge bekamen Besuch von Schneewittchen und auch von Rotkäppchen, die auf ihrem Weg zur Großmutter immer bei den 7 Zwergen vorbeischaute und für die Großmutter einen Kräuterstrauß pflückte. Aber auch Schneeweißchen und Rosenrot, Rumpelstilzchen, Hänsel und Gretel, Frau Holle, die Bremer Stadtmusikanten, Aschenputtel und viele andere Gäste kamen regelmäßig zum Haus der 7 Zwerge. Sie kannten den Weg ganz genau und fanden ihn sogar in der Nacht. Der Kräuterduft war so stark, dass er bis weit ins Land hinein zu riechen war.

Manchmal lockte er auch den Wolf oder den Bären an, aber mit dem Duft der Knoblauchknollen, die hier in dem Garten wuchsen, wurden sie schnell vertrieben. Einmal im Jahr, nämlich am längsten Tag des Jahres, wenn der Frühling geht und der Sommer kommt, feierten die 7 Zwerge mit ihren Freunden ein großes Kräuterfest und machten mit ihnen eine Kräuterwanderung durch ihren Kräutergarten. Dort konnten alle gemeinsam auf Kräutersuche gehen, sie riechen, erfühlen, erschmecken und erraten. Das machte allen viel Spaß. Weil die Zwerge jedes Jahr neue Kräutersorten in ihrem Garten hatten, war manchmal das Raten sehr schwer. Doch die Zwerge zeigten sich sehr hilfsbereit und in einer kleinen Kräuterkunde erfuhren die Gäste etwas über die neuen Kräuter. Zum Schluss der Wanderung wurde immer ein Gast Kräuterkönig, nämlich der, der ohne Fehler alle Kräuter auf einer kleinen Kräuterstraße erriechen und erraten konnte. Der Kräuterkönig bekam als Preis von den Zwergen einen großen Korb mit verschiedenen Kräutern geschenkt. In diesem Jahr war die Aufgabe besonders schwer, denn auf der Kräuterstraße roch es so stark nach Kräutern, dass die Riechnasen sich ganz schön anstrengen mussten. Doch dann stand der neue Kräuterkönig fest.

In diesem Jahr wurde Rotkäppchen Kräuterkönigin. Sie freute sich sehr, denn in ihrem Korb war getrocknete Kamille. Daraus konnte sie ihrer alten Großmutter jeden Tag eine Tasse Tee kochen. Der würde sie bestimmt von ihrem Husten befreien. Aber auch Hänsel und Gretel, Schneeweißchen und Rosenrot, Aschenputtel, Rumpelstilzchen, Frau Holle, die Bremer Stadtmusikanten und Schneewittchen bekamen ein Geschenk. Für sie hatten die Zwerge kleine Kräuterkissen fertig gemacht, die jeder zur Erinnerung an diese Kräuterwanderung mit nach Hause nehmen konnte. Müde, aber sehr zufrieden, gingen die 7 Zwerge nach diesem Fest schlafen und jeder freute sich jetzt schon wieder auf das nächste Jahr, wenn wieder in dem Garten der Kräuterzwerge eine Kräuterwanderung gemacht wird.

Abschluss

Gemeinsam werden die Märchenfiguren zusammengetragen. Nun kann die Erzieherin mit den Kindern eine Kräuterstraße aus Kisten, Töpfen oder direkt draußen in der Erde angelegen. Auch hier helfen bestimmt die Eltern. Auf einer Kräutertafel kann Wissenswertes über die hier gepflanzten oder gesäten Kräuter mitgeteilt werden.

Infotafel:
Aus einem stabilen Holzbrett und einem Stab wird eine Infotafel gebastelt. Auf einem laminierten Blatt, das auf die Tafel geheftet wird, stehen Informationen zu den Kräutern.

Kleine Kräuterkunde:
Pfefferminze: hilft als Tee bei Bauchweh und Übelkeit
Kamille: hilft als Tee bei Magenbeschwerden, zum Gurgeln bei Halsschmerzen, zum Inhalieren bei Husten und Schnupfen, Mundbläschen
Brennnessel: hilft als Tee gegen Erkältungen und Magenbeschwerden

Kreativangebot

Das Sommerriechkissen
Kräuter, duftende Blumenblüten, Pflanzen usw. werden gesammelt und getrocknet. Aus buntem Stoff werden von Eltern oder den Erzieherinnen kleine Kissen genäht, mit getrockneten Blüten oder Blättern gefüllt und zugenäht. Eine duftende Erinnerung an den Klarasommer.

Prinzessin Pitschenass

Eine feuchtfröhliche Mitmachgeschichte

Material Für jedes Kind eine mit Wasser gefüllte Sprühflasche (leere Spülmittelflaschen) und ein Handtuch

Hinweis Das Material liegt griffbereit und ist mit einem Tuch abgedeckt. Die Kinder sitzen im Schatten eines Baumes und lauschen der Geschichte. Beim zweiten Erzählen verteilt die Erzieherin mit Wasser gefüllten Spritzflaschen und nun dürfen sich bei dem Wort „Pitschenass" alle gegenseitig mit dem Wasser bespritzen. Weil dieses ein nasses Vergnügen ist, ist es sinnvoll, wenn die Kinder einen Badeanzug/eine Badehose anhaben.

Geschichte Auf einer kleinen Insel, umgeben von dunkelblauem Wasser, steht ein wunderschönes weißes Schloss. Darin leben ein König und eine Königin. Sie haben eine wunderschöne Tochter mit dem wunderschönen Namen PITSCHENASS. Der König und die Königin lieben wie alle Eltern auf dieser Welt ihre schöne Tochter PITSCHENASS sehr und deshalb erfüllen sie ihr jeden Wunsch. Prinzessin PITSCHENASS ist schon 5 Jahre alt und die Geburtstage werden jedes Mal ganz groß gefeiert. Mit großen Schiffen kommen die Prinzen und Prinzessinnen aus der ganzen Umgebung auf die Insel, um mit Prinzessin PITSCHENASS zu feiern. Auch in diesem Jahr wird wieder groß gefeiert. An den Geburtstagen von Prinzessin PITSCHENASS war es bisher immer sehr heiß und darum gab es jedes Jahr viele Wasserspiele, bei denen alle Gäste so richtig PITSCHENASS wurden. Auch am Morgen ihres 6. Geburtstages ist es wieder so heiß und Prinzessin PITSCHENASS freut sich sehr, denn heute gibt es bestimmt wieder viele schöne Spiele mit Wasser. Ihre Eltern denken sich immer etwas Neues aus und haben auch sonst noch ganz viele Überraschungen bereit. Erwartungsvoll sitzt Prinzessin PITSCHENASS viele Stunden am Fenster. Plötzlich sieht sie in der Ferne die ersten Schiffe. Prinzessin PITSCHENASS läuft zum Hafen und empfängt dort jeden Prinz und auch jede Prinzessin. Den ganzen Nachmittag spielt Prinzessin PITSCHENASS nun mit ihren Gästen im Schlossgarten viele nasse Spiele. Die Schlossdiener bringen zwischendurch herrliche Speisen und Getränke. Prinzessin PITSCHENASS und ihre Gäste haben viel Spaß und sind sehr fröhlich. Erst am Abend werden die Prinzen und Prinzessinnen von den Schiffen wieder nach Hause gebracht. Prinzessin PITSCHENASS steht mit ihren Eltern am Ufer und winkt ihren Gästen so lange hinterher, bis auch das letzte Schiff am Horizont verschwunden ist. Zufrieden geht Prinzessin PITSCHENASS ins Schloss, wo sie sich bei ihren Eltern bedankt und in ihrem königlichen Bett sofort einschläft. Im Traum, da träumt die Prinzessin PITSCHENASS bestimmt noch von ihrer PITSCHNASSEN Geburtstagsfeier.

Abschluss

Wenn es warm genug ist, kann im Anschluss noch mit Wasser und Sand gematscht werden.

Ich male jetzt, das geht sehr leis

Malgeschichte

Material Ein großer Bogen weißes Papier, je ein gelber, roter, blauer Filzstift, für jedes Kind ein Bogen Papier, ein gelber, roter und blauer Buntstift, ein Holzbrettchen als Malunterlage

Einleitung Das Material liegt griffbereit und ist mit einem Tuch abgedeckt. Die Erzieherin bittet die Kinder, einen Sommerhimmel zu beschreiben. Nach diesem Gespräch lädt sie zu einer Malrätselgeschichte ein. Sie nimmt den großen Bogen Papier, den gelben, blauen und roten Filzstift und beginnt mit der Geschichte. An den entsprechenden Stellen malt sie.

Geschichte Ich male jetzt, das geht sehr leis,
einen wunderschönen Kreis.
(mit dem gelben Stift auf ein Blatt einen Kreis malen)
Fangt nun einmal zu raten an,
was aus dem Kreis nun werden kann?
(Kinder raten)
Der Kreis, der kann sehr vieles sein,
doch mit dem Strich gar dünn und fein,
(nach unten hin vom Kreis aus einen Strich ziehen)
sieht dieses wie ein Lutscher aus,
noch einen Strich, was wird wohl draus?
Ein Strich hier und ein Strich da,
(mehrere Striche vom Kreis aus ziehen)
was es wird, ist jedem klar.
(weitere Striche vom Kreis aus ziehen)
Ein Strich dort, noch einer hier,
(weitere Striche ziehen)
was es wird, komm sagt es mir?
(An dieser Stelle können die Kinder die Lösung rufen)

Strich für Strich kannst du nun sehn,
(weitere Striche malen)
wie ein Sonne kann entstehn.
Noch einen Strich (einen Strich malen), dann ist zum Glück
fertig unser gutes Stück.
Die Sonne kriegt noch einen Mund
(mit dem roten Stift einen lachenden
Mund malen)
und auch Augen, kugelrund.
(mit dem blauen Stift Augen malen)
Nun strahlt die Sonne hell und rein
(das Bild hochheben und zeigen)
in die Sommerwelt hinein.

Abschluss

Die Kinder bekommen je ein Blatt, eine Holzunterlage, einen gelben, roten und blauen Stift und malen entsprechend der Geschichte mit.

Kreativangebot

Ein ganz anderer Malspaß

Die Kinder malen mit Fingerfarbe die Sonne an das Gruppenfenster oder auf eine Glasscheibe, einen Spiegel oder eine Kachel. Sie kann auch mit Porzellanfarbe auf einen weißen Teller oder eine Tasse gemalt und gebrannt werden. Von einem sonnigen Teller schmeckt das Kindergartenfrühstück noch einmal so gut.

Das verflixte Sommerlabyrinth

Versgeschichte

Material Klebeband, ein Stück weiße Pappe, ein dicker Filzstift, ein großes Betttuch

Vorbereitung Mit Klebeband wird auf dem Fußboden des Gymnastikraumes am Tag vorher ein großes Labyrinth geklebt und mit einem großen Betttuch abgedeckt. Auf eine große Pappe wird ein Labyrinth gemalt.

Einstieg Die Kinder sitzen im Gymnastikraum auf dem Boden. Die Erzieherin zeigt ihnen das Bild vom Labyrinth und die Kinder können erzählen, was ihnen dazu einfällt. Der Begriff Labyrinth kann dabei erklärt werden. Danach erzählt die Erzieherin ihnen folgende Reimgeschichte.

Geschichte

Ach, o Schreck, ach, o Schreck,
die Mäusemama, sie ist weg.
Auf dem Kornfeld wollt sie suchen,
Körner für den Festtagskuchen.
Sie rannte morgens sehr früh los,
wollt bleiben eine Stunde bloß.
Doch, wo ist sie nur geblieben?,
jetzt ist es schon fünf nach halb sieben.
Die Mäusekinder sind allein,
wo wird bloß ihre Mama sein?
Hin und her läuft Mama Maus,
ach, sie findet hier nicht raus.
Im Labyrinth sind viele Ecken,
lange und auch kurze Strecken.
„Nirgends kommt man wieder raus“,
so jammert laut die Mamamaus.

Die Kinder hören ihr Geschrei
und eilen ganz, ganz schnell herbei.
Doch ohne Mama ganz allein,
trauen sie sich nicht hier rein.
Doch ein ... ist zur Stell,
der rettet ihre Mama schnell.
Ganz erschöpft gehn sie nach Haus,
dort ruhen sie sich erst mal aus.

Hinweis

Gemeinsam können die Kinder überlegen, wer wohl die Maus gerettet hat.
Die vorgeschlagene Lösung: Ein Vogel

Abschluss

Das Betttuch wird entfernt und die Kinder können versuchen, durch dieses Labyrinth zu kommen.

Der besondere Tipp

In den letzten Jahren mähen viele Bauern in ihre Kornfelder ein Labyrinth, durch welches Besucher gehen können. Einige pflanzen auch schon Sonnenblumenirrwege, die man begehen kann. Erkundigen sie sich doch einmal, vielleicht gibt es in ihrer Nähe solch ein Labyrinth.

Hinweis

Im Internet gibt es eine Website zu diesem Thema:
(http://home.t-online.de/home/labyrinthe/index.htm)

Wenn morgens früh die Sonn aufgeht

Fingerspielgeschichte

Geschichte

Wenn morgens früh die Sonn aufgeht
(mit den Händen einen Kreis formen)
und strahlend hell am Himmel steht,
(Hände in die Luft und Finger spreizen)
dann macht sie ganz ohne Krach
die Menschen und die Tiere wach.
Sie wärmt das Wasser und den Baum,
(mit einer Hand Wellenbewegungen machen
und die andere strecken)
weckt dich und mich aus einem Traum.
(mit einem Finger zuerst den Nachbarn
und dann sich selbst berühren)
Groß steht sie dann am Himmelszelt
(mit den Händen einen Kreis zeichnen)
und wärmt die schöne weite Welt.
(Finger spreizen)
Dann krabbeln Käfer froh und munter
(mit den Fingern den Körper schnell rauf und runter krabbeln)
am dicken Baum schnell rauf und runter.
Sie suchen sich ein großes Blatt
(Handfläche einer Hand zeigen)
und fressen sich dort richtig satt.
(mit den Fingern der einen Hand in der Handfläche der anderen Hand leichte Kratzbewegungen machen)
Die Sonne zieht sehr schnell voran,
(die Daumen und Zeigefinger einer Hand einen kleinen Kreis bilden und so langsam von einer Seite zur anderen ziehen)
tippt dabei viele Blumen an.
(mit dem Zeigefinger die Faust der anderen Hand berühren)
Sie recken sich und drehn sich stumm
(die Finger langsam strecken und die gestreckte Hand hin und her drehen)

im Sonnenschein ganz stolz herum.
Abends, wenn der Mond aufgeht,
(mit dem Daumen und Zeigefinger der anderen Hand einen Kreis bilden. Langsam hinter dem Rücken hervorkommen
und hochsteigen)
die Sonne langsam schlafen geht.
(mit dem Daumen und Zeigefinger der anderen Hand einen Kreis bilden und von oben langsam hinter den Rücken ziehen)

Im Sommer in der Urlaubszeit

Reimgeschichte

Material Viele Urlaubspostkarten oder Bilder (z.B. aus Katalogen), auf denen Urlaubsstimmung zu erkennen ist, Scheren, Klebstoff, Tapetenrolle

Hinweis Die Kinder beteiligen sich an dem Reim. Das letzte Wort in der zweiten Zeile sprechen sie mit.

Einstieg In die Kreismitte werden die Bilder gelegt, die ein Gespräch über Urlaubserlebnisse anregen sollen. Bitte denken sie auch daran, den Kindern zu vermitteln, dass Urlaub nicht unbedingt etwas mit verreisen zu tun hat, sondern dass Urlaub mit freier Zeit in Verbindung gebracht werden sollte. Diese freie Zeit kann man an einem fremden Ort, aber auch wunderschön zu Hause verbringen.

Vorschläge zu einer Urlaubsgestaltung zu Hause können in dem Zusammenhang zusammengetragen werden (in die Badeanstalt gehen, einen Tag im Wald, im Zoo oder bei der Oma verbringen usw.)

Geschichte

Im Sommer, in der Urlaubszeit,
reisen die Menschen oft sehr ... (weit)
Nur Thorsten sitzt allein zu Haus,
schaut traurig aus dem Fenster ... (raus).
Er kann nicht in den Urlaub fliegen,
krank muss er im Bett noch ... (liegen).
Doch täglich aus der ganzen Welt,
bekommt er Post, die ihm ... (gefällt).
Rita schreibt vom heißen Strand,
von der Sonne und vom ... (Sand)

Klaus fährt Fahrrad, liegt im Gras,
auch das Wandern macht ihm ... (Spaß).
Ute leckt ein großes Eis,
sitzt im Café, ihr ist sehr ... (heiß).
Bernd, der reitet jeden Tag,
weil er Pferde gerne ... (mag).
Tim geht wandern, das ist schön,
vom Berg aus kann er ganz viel ... (sehn).
Rita reitet durch das Land,
auf einem großen ... (Elefant).
Nur Thorsten kann die schönen Sachen,
in diesem Sommer gar nicht ... (machen).
Er schaut sich still die Bilder an,
und wenn er wieder laufen ... (kann).
Dann macht er Urlaub hier zu Haus,
und geht von früh bis spät ... (hinaus).

Abschluss

Aus den Bildern wird eine Urlaubscollage geklebt und damit eine Wand geschmückt. Die Kinder können in den folgenden Tagen eigene Urlaubsfotos mitbringen und ebenfalls aufkleben. So werden Urlaubserinnerungen wach.

Als der große Regen kam

Geschichte

Hinweis

Leider ist der Sommer nicht immer heiß und trocken. Oftmals überrascht er uns auch mit Regen und Unwetter, die großen Schaden anrichten können. Mit Hilfe dieser Geschichte können die Wetterkapriolen thematisiert werden.

Geschichte

Herr Fuchs hat einen wunderschönen Garten. Im ihm wird nicht nur gearbeitet, sondern dort erholt er sich auch mit seiner Familie. So einen Garten, in dem gearbeitet und geruht wird, nennt man Schrebergarten. Er liegt mit vielen anderen Schrebergärten am Rande der Stadt und hier erholen sich viele Familien. Den ganzen Sommer über ist in den Schrebergärten immer viel Betrieb. Jeden Tag kommen die Menschen und nach der Arbeit sieht man sie graben, Rasen mähen, Erdbeeren pflücken oder andere Dinge machen. Am Wochenende wird in den Schrebergärten nicht gearbeitet. Da kommen die Familien und liegen in der Sonne, grillen und ab und zu feiern sie zusammen. Doch in diesem Jahr ist alles ganz anders. In diesem Sommer meint das Wetter es mit ihnen nicht gut. Die Sonne lässt sich nicht oft blicken. Dafür regnet und stürmt es fast täglich. Herr Fuchs und auch die anderen Gärtner sind verzweifelt. So einen verregneten Sommer hatten sie schon lange nicht mehr. Schon seit Tagen regnet es ununterbrochen und das Gemüse, und alles, was er gesät hat, ertrinkt im Regen. Wenn das so weiterregnet, werden sie in diesem Jahr nichts ernten. Jeden Tag das Gleiche: Regen, Regen, nichts als Regen. Es regnet nun schon seit über einer Woche und das Wasser steht schon auf den Wiesen und in den Beeten. Herr Fuchs wird unruhig, denn wenn es so weiterregnet, dann fließt das Wasser in sein Gartenhaus. Wenn Herr Fuchs zu Hause ist, dann schaut er sofort Nachrichten und die sind nicht gut. Viele Städte und Dörfer haben Hochwasser und bei vielen fließt das Wasser schon durch die Häuser. Herr Fuchs kann nun nicht mehr schlafen. Er macht sich jetzt nicht nur Sorgen um seinen Schrebergarten, er befürchtet, dass das Wasser bald auch sein Haus erreicht. Jeden Morgen hofft er, dass der Regen endlich aufhört. Auf dem Weg zu seinem Garten sieht er, wie die Feuerwehrleute Keller leerpumpen und wie einige Menschen Sandsäcke vor ihre Haustüren legen. Als Herr Fuchs zu seinem Garten kommt, ist das geschehen, was er befürchtet hatte. Sein Gartenhaus steht im Wasser. Nun heißt es abwarten. Hoffentlich hört er Regen bald auf, sonst läuft auch sein Keller bald voll. Die Tage vergehen und Herr Fuchs sitzt nur noch in seinem Zimmer, hört Nachrichten und schaut aus dem Fenster. Endlich, nach vielen Regentagen, hat es nun doch aufgehört. Der Himmel reißt auf und die Sonne lässt sich blicken. Herr Fuchs und auch alle andern Menschen in Stadt und Land sind froh.

Nach drei Tagen ist das Wasser fort und die Menschen beginnen mit den Aufräumarbeiten. Jeder hilft jedem und jeder freut sich, dass das Unwetter endlich vorbei ist. Erst nach Wochen sind alle Schäden beseitigt und auch das Gartenhaus von Herrn Fuchs ist wieder wie neu. Aber ernten kann in diesem Jahr niemand. „Macht nichts", denkt Herr Fuchs, „es hätte doch viel schlimmer kommen können. Der nächste Sommer kommt bestimmt und dann wird auch wieder geerntet."

Abschluss

Vielleicht haben Ihre Kinder so ein Unwetter miterlebt und können darüber berichten.

Vertrocknet ist das grüne Gras

Klangvers

Hinweis Dieser Vers sollte zu einem Gespräch über Waldbrände anregen.

Material Alufolien, Pergamentpapier und andere Dinge, mit denen knisternde Geräusche gemacht werden können, eventuell ein Bild, auf dem ein Waldbrand zu sehen ist

Einstieg Das Bild mit dem Waldbrand regt zu einem Gespräch an und die Gefährlichkeit der Sommerhitze wird thematisiert.

Vers

Vertrocknet ist das grüne Gras,
nirgends ist es kühl und nass.
Die Sonne brennt sehr heiß und dann,
fängt's irgendwo zu flackern an.

Wiederholungsvers: (Er wird mit Knistergeräuschen unterlegt)
Oh je, das ist mir nicht geheuer,
dort drüben brennt ein großes Feuer.
Die Flammen fressen alles weg,
das Feuer ist ein Sommerschreck.

Vertrocknet ist der grüne Wald,
nirgends ist es nass und kalt.
Die Sonne brennt sehr heiß und dann,
fängt's irgendwo zu flackern an.

Wiederholungsvers: Oh je, das ist mir nicht geheuer.

Abschluss

Vielleicht können Kinder über Waldbrände berichten, von denen sie gehört haben. Vielleicht haben sie im Urlaub schon einmal Warnschilder gesehen. Auch Vorsichtsmaßnahmen sollten erwähnt werden.

Es war einmal ein kleiner Frosch

Spielgeschichte

Material Ein blaues Tuch

Hinweis Diese Geschichte wird von vier Kindern gespielt. Die restlichen Kinder bilden einen Kreis und gehen in die Hocke. Die auszuführenden Bewegungen stehen in der Klammer.

Einstieg Die Erzieherin legt das blaue Tuch in die Kreismitte. Die Kinder sollen erzählen, woran sie dieses Tuch erinnert. Ein Gespräch über ein Teicherlebnis kann sich anschließen. Danach lädt sie die Kinder zu der folgenden Geschichte ein (Sie wird zunächst ohne Bewegung der Kinder erzählt).

Geschichte In diesem Sommer wohnt im kleinen Waldteich ein kleiner Frosch (Die Kinder bilden einen Kreis um das blaue Tuch und gehen in die Hocke). Von morgens bis abends hüpft und quakt er allein herum (ein Kind hüpft um den Kreis und quakt dabei). Der kleine Frosch fühlt sich tagsüber hier an seinem Teich sehr wohl, denn seine beiden Freunde besuchen ihn, so oft es geht. Der dicke Käfer kommt jeden Tag angekrabbelt (ein zweites Kind krabbelt um den Kreis herum) und auch die kleine Meise kommt täglich zum Teich (ein drittes Kind kommt und „fliegt“ um den Kreis). Dann hüpfen, krabbeln und fliegen sie zu dritt fröhlich und vergnügt um den Teich herum (die Kinder führen die Bewegungen aus). Hin und wieder ruhen sie sich in der warmen Sommersonne aus (die Kinder setzen sich) und erzählen sich viele schöne Sommergeschichten (miteinander wispern). Erst am späten Abend, wenn die Sonne langsam untergeht, fliegt die Meise zurück in ihr Nest und der dicke Käfer krabbelt unter ein großes Blatt (die beiden Kinder „fliegen“ und krabbeln in eine Raumecke). Dann sitzt der Frosch allein vor dem Teich (das Kind hockt vor dem Teich), schaut hinein und wird ganz traurig (Kind schaut traurig). Er will so allein nicht einschlafen und darum versucht er, so lange wie möglich, seine kleinen Augen aufzuhalten. Doch spät in der

Nacht fallen sie ihm dann doch zu (Hände vor die Augen halten). Bevor er einschläft, wünscht er sich immer das Gleiche: Er wünscht sich jemanden, der zu ihm passt und bei ihm bleibt. Doch wenn die Sonne den neuen Tag begrüßt, hat sich nichts verändert. Der kleine Frosch hüpft wieder allein quakend am Teich entlang und schnappt hier und da nach einer Mücke (in der Hocke hin und her hüpfen und dabei nach Mücken schnappen). So geht das einige Zeit. Seine Freunde merken, dass der kleine Frosch immer trauriger wird und deshalb beschließen sie eines Abends, am nächsten Tag den Frosch noch früher zu besuchen (die beiden Kinder „fliegen" und krabbeln zum Frosch). Als der Käfer am nächsten Morgen seinen Freund, den Frosch, so traurig sieht, will er ihn trösten und sagt: „Wenn du willst, bleibe ich bei dir." Doch der Frosch schaut ihn mit seinen großen Augen an und sagt: „Das ist zwar sehr lieb von dir, aber du passt nicht zu mir." Nun will ihn die Meise trösten und sagt: „Wenn du willst, bleibe ich bei dir": Doch der Frosch sagt auch zu ihr: „Das ist zwar ganz lieb von dir, aber du passt nicht zu mir." Die Meise fliegt enttäuscht fort und auch der Käfer krabbelt nach Hause (die Kinder „fliegen" und krabbeln in eine Raumecke).

Nun sitzt der Frosch wie immer allein an dem Teich, schaut traurig hinein und sagt. „Ob wohl jemals einer kommt, der zu mir passt und bei mir bleibt?" Der Frosch wird an diesem Tag schon sehr früh müde und darum schließt er seine kleinen Froschaugen und schläft ein (die Hände vor die Augen halten). Am anderen Morgen wird der Frosch von einem merkwürdigen Geräusch wach (ein Kind quakt). Er öffnet seine Augen, hüpft aufgeregt hin und her (hin und her hüpfen) und steht plötzlich vor einem anderen Frosch (zwei Kinder sitzen in der Hocke voreinander). Beide Frösche schauen sich direkt in die Augen. „Wenn du willst, bleibe ich bei dir", sagte der fremde Frosch. „Das ist wirklich lieb von dir, denn du passt ganz gut zu mir", sagt der kleine Frosch. Ja, und von diesem Tag an hüpfen an diesem Teich zwei Frösche umher (beide Kinder hüpfen um den See) und wenn es ihnen in der Sommersonne zu heiß ist, dann springen sie in den Teich und verschwinden auf dem Grund (Die Kinder springen in den Kreis).

Abschluss Die Rollen werden verteilt und die Geschichte wird gespielt

Das Heuhotel

Spielgeschichte

Material Frisches Heu (Gras), Gummitiere vom Bauteppich, ein großes Abdecktuch

Vorbereitung In der Kreismitte liegt Heu. Darin versteckt die Erzieherin kleine Gummitiere (z.B. Hase, Eule, Hirsch, Schnecke, Käfer, Vögel). Das Heu wird mit einem Tuch abgedeckt.

Einstieg Die Kinder sitzen um die gestaltete Mitte und erfühlen das, was unter dem Tuch liegt. Das Tuch wird entfernt und die Kinder befühlen, riechen das Heu und suchen darin die versteckten Tiere. Danach erzählt die Erzieherin folgende Geschichte (erst einmal ohne Bewegungen).

Geschichte Auf einer großen grünen Wiese steht ein dicker Baum. Seine Äste und Zweige breitet er weit aus (sich fest auf den Boden stellen und die Arme und Hände weit ausbreiten). Der warme Sommerwind lässt die Blätter tanzen (mit den Fingern zappeln). Hinter dem Baum steht eine alte, windschiefe Scheune (die Finger spitz zusammen nehmen und ein windschiefes Dach bilden). In ihr wohnen viele Tiere. Sie bietet großen und kleinen Tieren Schutz vor der heißen Sommersonne (mit den Armen eine Sonne bilden), dem Sommerregen (mit den Fingern tanzen) und den Gewittern (trampeln und klatschen), die im Sommer häufig ganz überraschend aufkommen. In der Scheune wird frisches Heu gelagert, auf dem man sich wunderbar ausruhen kann. Herr und Frau Hase haben es sich schon seit langer Zeit hier in der Scheune gemütlich gemacht (Mittel- und Ringfinger beider Hände auf den Daumen legen, Zeige- und kleiner Finger nach oben strecken. In dieser Handhaltung hoppeln). Tagsüber hoppeln sie über bunte Wiesen und durch dichte Sonnenblumenfelder und nachts schlafen sie hier in der Scheune. Auch das Wildschwein kommt abends grunzend angetrampelt (auf die Oberschenkel schlagen und grunzen), um in der Scheune einen Platz zu kriegen. Der König des

Waldes, der große Hirsch (mit den Händen ein Geweih bilden, die Knie beim Gehen hochziehen und große Schritte machen), hat von der Scheune gehört und ist nun jeden Abend pünktlich zur Stelle. Wenn es schon dunkel ist, kommen aus allen Himmelsrichtungen große und kleine Vögel angeflogen (Arme ausbreiten und Flugbewegungen machen) und Käfer angekrabbelt (mit den Finger Krabbelbewegungen in der Luft oder am Körper machen), die alle einen Platz in der Scheune haben wollen. Auch die alte Waldeule (die Finger als Brille vor die Augen halten und heulen) kommt heulend aus dem Wald geflogen und übernachtet mit den anderen Tieren in der Scheune. Für Frau Schnecke, die jeden Abend als Letzte kommt (die geballte Faust der rechten Hand auf den Handrücken der linken Hand legen und langsam vorwärts kriechen), ist auch immer noch ein Platz frei. Erst wenn sie in der Scheune ist, dann schupst die alte Waldeule mit ihren Flügeln die Scheunentür zu (einmal fest auf die Oberschenkel schlagen) und nun können alle Tiere bis zum andern Morgen in dem Heuhotel schlafen.

Schluss

Die Geschichte wird noch einmal erzählt und die Kinder führen die beschriebenen Bewegungen aus. Die Geschichte bietet reichlich Stoff für ein abschließendes Gespräch.

Das besondere Sommererlebnis

Es gibt schon viele Heuhotels. Vielleicht könnte mit den großen Kinder einmal dort für eine Nacht übernachtet werden.

Gymnastik für den kranken Maulwurf

Bewegungsgeschichte

Material Eine große Decke, für jedes Kind eine dünne Turnmatte oder ein Badetuch

Einstieg Die Kinder sitzen in bequemer Kleidung auf einer Decke, die im Gymnastikraum ausgelegt ist. Die Erzieherin stellt das folgende Rätsel.

Rätsel Was ist das?
Es buddelt und gräbt den ganzen Tag,
wirft Hügel, die nicht jeder gerne mag.
Du kannst ihn nicht fangen, du kannst ihn nicht sehen,
siehst du ihn mal buddeln, musst du ganz leis gehen.
(Maulwurf)

Geschichte Ein Gespräch schließt sich an. Danach lädt die Erzieherin zu folgender Geschichte ein.

In einer Wohnung unter der Erde wohnt der Maulwurf Zappel. Er ist im Sommer ein richtiger Frühaufsteher und dann buddelt er einen Gang nach dem anderen und verwandelt so die bunte Blumenwiese über ihm in eine Hügellandschaft. Ihm macht das viel Spaß und hin und wieder steckt er seine Nase in die warme Sommerluft, um seine Hügel zu zählen. Doch vor einigen Tagen ist etwas Schreckliches passiert. Zappel ist beim Rennen durch seine unterirdischen Gänge gegen eine alte Baumwurzel gestoßen und hat sich dabei seine Vorder- und Hinterbeine verletzt. Jetzt liegt er im Bett und rührt sich nicht vom Fleck. Die Schmerzen werden von Tag zu Tag größer und deshalb stöhnt er auch von Tag zu Tag lauter. Dieses Stöhnen hört ein anderer Maulwurf, der einige Gänge weiter wohnt. Er eilt herbei und Zappel zeigt ihm seine dicken Füße. Der andere Maulwurf hatte auch schon einmal einen so dicken Zeh, und deshalb hat er auch sofort eine gute Idee. „Wir machen ein wenig Bettgymnastik", sagt er,

„du wirst sehen, wie die hilft." Zappel legt sich auf den Rücken und dann geht es los.

(Beim zweiten Vorlesen machen alle Kinder mit) Zunächst bewegt Zappel langsam erst ein Vorderbein (die Bewegungen mit einem Arm durchführen). Er macht damit langsam ganz kleine Kreise. Diese werden immer größer und die Bewegungen immer schneller. Das macht Zappel so viel Spaß, dass er diese Bewegungen auch mit dem anderen Vorderbein macht (die Bewegungen mit dem anderen Arm machen). Weil das so schön war, macht er das gleiche nun auch zugleich mit beiden Vorderbeinen (Bewegungen mit beiden Armen ausführen). Zum Schluss schüttelt er die Vorderbeine aus und legt sie langsam wieder auf den Boden (Arme anlegen). Das tut ihm so richtig gut. Jetzt kommen die Hinterbeine dran. Zuerst werden die Bewegungen wieder mit einem Hinterbein gemacht (mit einem Bein). Erst kleine Kreise und dann immer größere. Langsam legt Zappel das eine Hinterbein ab und nimmt das andere hoch (Bewegungen mit dem anderen Bein durchführen). Auch das war so schön, dass er nun noch einmal mit beiden Hinterbeinen kreist und zappelt (Bewegungen mit beiden Beinen ausführen). Jetzt fühlt Zappel sich schon richtig kräftig und seine Schmerzen sind auch nicht mehr so stark. Zum Schluss darf er nun mit Vorder- und Hinterbeinen gemeinsam zappeln und kreisen. Zappel merkt, dass man noch viel mehr mit den Vorder- und Hinterbeinen machen kann. Er streckt sie vom Körper weg, zieht sie wieder an den Körper heran und er fährt sogar mit den Beinen in der

Luft Fahrrad (die Bewegungen mit Händen und Füßen nachmachen). Das macht Zappel so lange, bis er müde wird. Langsam legt er seine Vorder- und Hinterbeine ab und noch bevor der andere Maulwurf etwas sagen kann, ist Zappel auch schon eingeschlafen (ruhig auf dem Rücken liegen bleiben).

Langsam und ganz leise schleicht der andere Maulwurf aus der Höhle und am nächsten Morgen bringt er kühlendes Wasser aus der kleinen Bergquelle mit. Damit macht er ihm Umschläge und bald kann Zappel wieder buddeln und die Sommerwiese in eine Hügellandschaft verwandeln.

Schluss

Die Kinder legen sich auf die Turnmatte/das Badetuch und die Bewegungen aus der Geschichte können nachgespielt werden. Sie können sich nun weitere Hand- und Fußbewegungen einfallen lassen.

Inhalt der grünen Seiten

Der Sommerwind zieht übers Meer

Massagegeschichte

Hinweis

Für diese Massagegeschichte sollten sechs 5–6-jährige Kinder ausgewählt werden.

Material

4 Bierdeckel, einige Teelichte im Glas, eine Duftlampe, ruhige Musik, Rekorder, 4 kleine leichte Chiffontücher, ein größeres Abdecktuch, ein blaues dünnes Dekorationstuch, eine Lampe, für je zwei Kinder eine Decke und ein kleines Kissen

Raumvorbereitung

Der Ruheraum wird verdunkelt. Mit dem blauen Dekorationstuch, der Duftlampe und den Kerzen wird eine Mitte gestaltet. Die Decken und das Kissen liegen in Kreisform. Das Material liegt griffbereit und ist mit einem Tuch zugedeckt. Eine Lampe erhellt den Raum.

Einstieg

Die Kinder betreten (ohne Schuhe) und bequem bekleidet den Raum. Bei ruhiger Musik gehen sie zunächst im Raum herum und nehmen ihn wahr. Danach suchen sie sich einen Platz und setzen sich.

Die Erzieherin stellt den Kindern nun ein Rätsel. Sie sollen etwas erspüren und dann benennen. Sie bittet die Kinder, die Augen zu schließen. Nun wedelt sie mit einem Bierdeckel jedem Kind Luft zu. Die Kinder benennen den Wind. Dann bekommt jedes Kind einen eigenen Bierdeckel und erzeugt damit Wind. Ein Gespräch über den Wind und seine Bedeutung im Sommer kann sich anschließen.

Durchführung

Die Erzieherin lädt die Kinder nun zu einer Geschichte ein, in der der Sommerwind eine besondere Aufgabe hat. (Die Angaben in den Klammern sind für das im Anschluss folgende Spiel)

Geschichte

(Mit dem Bierdeckel über den Rücken des Kindes wedeln)
Der Sommerwind zieht übers Meer
und kommt zu dir ganz leis daher.

Weht auch mit einer frischen Brise
über eine Blumenwiese.

Er hat noch jemand mitgebracht,
den spürst du nun, gib einmal acht.

(Mit einem Finger über den Rücken springen)
Ein Regentropfen macht dich nass,
das macht ihm heut so richtig Spaß.

(Mit dem Finger über den Rücken hüpfen)
Er hüpft und hüpft, wohin er will,
und plötzlich sitzt der Tropfen still.

(Mit dem Bierdeckel wedeln)
Der Sommerwind berührt dich sacht,
weil ihm das viel Freude macht.

(Mit dem Chiffontuch leicht über den Körper wedeln)
Auch die Blumen freun sich sehr,
sie schwingen ganz leicht hin und her.

(Den Finger auf dem Rücken still stehen lassen)
Der Tropfen hat etwas entdeckt,
ei, was hat sich dort versteckt.

(Mit den Fingern der anderen Hand über den Rücken krabbeln)
Ein Käfer krabbelt durch das Gras,
das macht ihm heute sehr viel Spaß.

Der Käfer rennt ganz flink daher,
so einen Tag, den mag er sehr.

Frisch ausgeschlafen rennt er fort,
an einen unbekannten Ort.

(Den Finger auf dem Rücken stehen lassen)
Der Tropfen, der sitzt noch ganz still,
weil er noch etwas ruhen will.

Doch plötzlich fühlt er sich allein,
will jetzt bei seinen Freunden sein.

Er ruft sie laut und ganz geschwind
bringt sie herbei der Sommerwind.
(Mit dem Bierdeckel wedeln)

Im Nu, da machen ganz, ganz leise
viele Tropfen eine Reise.
(Mit allen Fingern über den Rücken laufen)

Sie haben heute sehr viel Spaß,
sie machen dich nun pitschenass.

Die Sonne holt sie jetzt nach Haus
(Die Hände flachen auf den Rücken legen)
und ihre Reise ist nun aus.

Körperspiel Nachdem die Geschichte erzählt wurde, bilden die Kinder Paare. Jedes Paar bekommt einen Bierdeckel und ein Chiffontuch. Noch einmal wird auf ihre Bedeutung hingewiesen. Die Geschichte wird nun mit Untermalung von Musik als Körperspiel durchgeführt. Die Erzieherin zeigt mit ihren Materialien an, welche Hilfsmittel wann eingesetzt werden. (Rollentausch)

Schluss Es muss genügend Zeit zum Gespräch gegeben werden, damit die Kinder ihre Empfindungen äußern können.

Ein kunterbunter Sommerspielkreis

Freiluftangebot

Hinweis

Einfach einmal im Schatten eines Baumes spielen, tanzen, singen und basteln, Fingerspiele machen. Das macht Spaß und ist schnell organisiert. Hier einige Ideen, die sie schnell in einem Spielkreis gestalten können. Für die kleinen Bastelaktionen sollten einige Tische bereitgestellt werden. Dort stehen die entsprechenden Materialien griffbereit und sind mit einem Tuch abgedeckt.

Fingerspielgeschichte: Fünf kleine grüne Läuse

Geschichte

Fünf kleine grüne Läuse,
die brauchen ihre Ruh.
(geballte Hand auf den Oberschenkel legen)
Fünf kleine grüne Läuse,
haben die Augen zu.
Doch kommt die Sommersonne
und kitzelt sie dann wach,
(mit der anderen Hand die geballte Hand kitzeln)
dann recken sich die Läuse,
ganz leis und ohne Krach.
(langsam die geballte Hand öffnen und auf dem Oberschenkel herumkrabbeln)
Fünf kleine grüne Läuse,
(mit den Fingern einer Hand zappeln)
die krabbeln auf ein Blatt,
(auf den anderen Oberschenkel krabbeln)
fünf kleine, grüne Läuse,
(auf dem Oberschenkel Zappelbewegungen machen)
die fressen sich dort satt.
Fünf kleine grüne Läuse,
sind müde und ganz matt.
(langsam krabbeln)

Sie halten jetzt ein Schläfchen
auf dem grünen Blatt.
(die Finger zur Faust ballen und auf dem Oberschenkel still liegenbleiben)
Ein dicker roter Käfer,
der krabbelt auf das Blatt.
(mit den Fingern der anderen Hand auch auf den Oberschenkel krabbeln)
Ein dicker roter Käfer,
er frisst sich erst mal satt.
(mit dem Finger Krabbelbewegungen machen)
Ein dicker roter Käfer,
der frisst dann, o Schreck,
(die Finger der Käferhand über die Finger der Läusehand stülpen)
die fünf grünen Läuse
blitzschnell sind sie weg.
(die Läusehand wegziehen)
Der dicke rote Käfer,
ist satt und fliegt schnell fort
und sucht nach neuen Läusen,
an einem andren Ort.
(mit der Käferhand hinter dem Rücken „fliegen")

Hinweis

Es macht auch Spaß, aus diesem Fingerspiel ein Körperspiel zu machen. Ein Kind liegt auf der Sommerwiese und das andere spielt den Text auf dem Rücken. Mit etwas Fantasie kann auch ein kleines Darstellungsspiel daraus entwickelt werden.

Bastelaktion

Blattläuse

Die Kinder schneiden aus grüner Pappe ein Blatt aus. Mit Heißkleber klebt die Erzieherin auf dieses Blatt grüne Papierkügelchen. Daran können die Kinder mit Filzstiften Beine malen.

Tanzlied

Hinweis Die Kinder spielen die Blumen, die Tiere, die tanzenden Kinder und nur ein Kind spielt die Sommersonne. Die Kinder tanzen zu dem entsprechenden Text und die Sonne (mit einem gelben Tuch in der Hand) schenkt ihnen ihre Sommerwärme.

Lied Alle Kinder freun sich sehr (Melodie: Alle Vögel sind schon da)

Alle Kinder freun sich sehr (alle Kinder tanzen im Kreis)
Sommer soll's nun werden.
Tanzen froh im Kreis umher,
den Sommer mögen sie so sehr.
Alle Kinder freun sich sehr,
Sommer soll's nun werden.

Alle Blumen freun sich sehr
(in die Hocke gehen und die Hände geschlossen über dem Kopf zusammenhalten)
Sommer soll's nun werden.

Öffnen nun ihr Blütenkleid,
(Hände langsam öffnen)
machen sich heut ganz, ganz weit.
(Hände weiter öffnen)
Alle Blumen freun sich sehr,
Sommer soll's nun werden,

Die Krabbeltiere freun sich sehr
(Kinder krabbeln im Raum herum)
Sommer soll's nun werden.
Trauen sich aus ihrem Haus,
spazieren heute weit hinaus.
(herumkrabbeln)
Die Krabbeltiere freun sich sehr,
Sommer soll's nun werden.

Bastelaktion

Sommerblumen:
Aus bunter Pappe schneiden die Kinder große Blüten. Darauf wird ein bunter Topfschwamm geklebt und in die Blume ein mit Krepppapier umwickelter Stab gesteckt. Er kann mit Klebstoff befestigt werden.
Krabbeltiere:
Aus einem Stück Pappe wird ein Blatt geschnitten. Darauf werden mit Heißkleber braune Pflanzbohnen als Tausendfüßler oder Erbsen als Raupe geklebt. Mit Filzstiften bekommen sie Beine. Regenwürmer aus Wollfäden können zusätzlich auf das Blatt geklebt werden.

Die Bienenkönigin

Fantasiereise

Hinweis Die Fantasiereise ist für einen Tag mit leichtem Wind gedacht. An einem windstillen Tag können die Kinder den Wind, der sie am Anfang der Geschichte begleitet, nicht hören und auch nicht spüren.

Material Für 6-8 Kinder: eine Kerze in einem Einmachglas, eine Krone aus Goldpapier, eine kleine Glocke, Streichhölzer, für jedes Kind eine Decke

Hinweis Ort für dieses Angebot: Suchen Sie mit den Kindern einen geeigneten Platz auf dem Spielplatz, am Waldrand oder in einem Park aus. Dort können die Kinder ihre Decken in Kreisform auslegen und dann darauf Platz nehmen. Eine Kerze in einem Einmachglas dekoriert den Wiesenteppich.

Einstieg Die Kinder werden gebeten, ihre Umgebung mit allen Sinnen zu erkunden. Sie machen einen lautlosen Riech-, Fühl-, Schau- und Hörspaziergang (Es wäre schön, wenn die Kinder diesen Spaziergang barfuß machten). Wenn die Glocke läutet, setzen sie sich wieder auf ihre Decke. In einem Gespräch können sie erzählen, was sie hier gesehen, gerochen, gehört und gefühlt haben. Danach werden die entdeckten Tiere, die im Wind tanzenden Blumen usw. dargestellt.
Nun legt die Erzieherin die Krone aus Goldpapier in den Kreis. Jedes Kind kann spontan erzählen was ihm dazu einfällt. Anschließend wird zur Fantasiereise übergeleitet.

Fantasiereise

Leg dich locker und entspannt auf deine Decke.
Schau in den Himmel über dir und beobachte die Wolken, die Vögel, spüre den Wind und rieche den Duft der Wiese.
Lege die Hand auf deinen Bauch und atme tief und gleichmäßig ein und aus.
Schließe nun deine Augen und atme langsam und ruhig weiter. Horche in die Stille hinein.
Hörst du das Rauschen der Blätter, das Singen der Vögel und den säuselnden Wind?
Nimm die Geräusche in dir auf.
Hörst du auch in der Ferne ein leichtes Summen?
Belieb still liegen und versuche dieses Summen zu hören.
Das Summen wird immer lauter.
Vor deinen geschlossenen Augen siehst du nun eine große Biene.
Es ist eine Bienenkönigin.
Sie lädt dich ein, mit ihr einen Ausflug zu machen.
Halt dich an ihren Beinen fest, und dann geht es auch schon los.
Ihr fliegt über Häuser, Wälder, Straßen und Felder zu einer schönen Wiese.
Langsam landet ihr dort zwischen unzähligen bunten Blumen.
Der Blumenduft dringt in deinen Körper.
Du atmest ihn tief ein.
Du fühlst dich wohl, dir geht es gut.
Auf der Wiese arbeiten unzählige Bienen.
Sie saugen den Nektar aus den Blüten und bringen ihn dann in ihr Bienenhaus.
Du schaust gemeinsam mit der Bienenkönigin den fleißigen Bienen bei ihrer Arbeit zu.
Eine Biene kommt auf dich zu und lässt dich von dem süßen Nektar probieren.
Er ist zuckersüß und breitet sich auf deiner Zunge aus.
Du schaust so lange einigen Bienen zu, bis sie ihre Arbeit getan haben und zurück in ihr Bienenhaus fliegen.
Auch du fliegst nun mit der Königin zurück.
Sie fliegt mit dir wieder über Wälder, Häuser, Straßen und Felder zurück in deine Welt.

Die Bienenkönigin bringt dich zurück auf deine Wiese und verschwindet leise summend in dem Licht der untergehenden Sonne.
Das Bild von der Bienenkönigin verschwimmt nun vor deinen Augen.
Deine Reise ist beendet.
Langsam bewegst du deine Finger, deine Arme, deine Zehen, deine Beine, deinen Kopf, boxt ein paar Mal mit den Armen in die Luft, atmest dabei laut pustend aus und öffnest deine Augen. Noch einmal boxt du laut atmend in die Luft, reckst und streckst dich, gähnst und bist wieder auf deiner Decke.

Abschluss

Die Kinder können über ihre fantastische Reise berichten und nun noch einmal lautlos einen Wiesenspaziergang machen. Jeder kann sich zur Erinnerung etwas von hier mitnehmen.

Die Sonne, die scheint heut ganz warm

Körperspielvers

Material für Partnerübungen mit 6–8 Kindern

3-4 Decken, 3-4 dünne, gleich lange Zweige, 3-4 Bierdeckel, 6-8 Teelichter im Glas, ein blaues Tuch für die Mitte, ein kleines hellblaues Tuch, eine Lampe, ein Rekorder mit Musik, ein gelber großer Pappkreis (Sonne), viele gelbe lange Pappstreifen (Strahlen), 6-8 Holzunterlagen, weißes Malpapier und gelber Stift

Vorbereitung

In einem ruhigen, abgedunkelten Raum werden die Decken kreisförmig ausgelegt. Eine Lampe erhellt den Raum. Das Material liegt griffbereit und ist mit einem Tuch abgedeckt.

Hinweis

Die erste Anweisung in der Klammer bezieht sich auf den ersten Teil des Angebotes, das Legespiel: Die Kinder legen an entsprechender Stelle einen Strahl an die runde Pappe.
Erst beim zweiten Vorlesen wird die zweite Anweisung wichtig. Die Kinder sollen dann paarweise dieses Körperspiel durchführen.

Einleitung

Die Kinder sitzen jeweils zu zweit auf einer Decke. Die Erzieherin breitet das blaue Tuch aus und legt darauf den gelben Kreis. Die Kinder erzählen, woran sie dieses Bild erinnert. Haben sie den Kreis als Sonne erkannt, so lauschen sie der folgenden Geschichte. Die Kinder bekommen je einen gelben Streifen und legen ihn nacheinander, immer dem Text entsprechend, an den Kreis.

Vers

Die Sonne, die scheint heut ganz warm,
und plötzlich streckt sie einen Arm
(ein Kind legt einen Strahl an den Kreis / mit dem Zweig vom Kreis aus über den Rücken streichen)
ganz weit aus, bis dass sie dann
damit die Erde wärmen kann.
(mit dem Zweig weiter über den Rücken streichen)
Die Sonne schickt den zweiten Arm,
(ein Kind legt einen Strahl an den Kreis / mit dem Zweig an einer andern Stelle vom Kreis aus über den Körper fahren)
auch er macht diese Erde warm.
(mit dem Zweig lang über den Rücken streichen)
Nun machen ganz geschwind und leise
viele Strahlen ihre Reise.
(die anderen Kinder legen ihren Strahl an den Kreis / vom Kreis aus viele Strahlen lang über den Rücken, Beine, Arme, Kopf streichen)
Sie wärmen damit jedes Tier,
die Wärme kommt heut auch zu dir.
(Handflächen auf den Rücken legen und eine Zeit lang liegen lassen)
Spür sie, ruhe dich nun aus,
bevor die Sonne geht nach Haus.
Die Sonne holt nun Stück für Stück,
ihre Strahlen leis zurück.
(die Pappstrahlen nacheinander entfernen / mit dem Zweig jeden Strahl einrollen d.h. den Weg vom Anfang zum Kreis nachzeichnen)
Die Wolke deckt die Sonne zu,
(das hellblaue Tuch über den Kreis legen / die Handflächen von außen nach innen schieben)
jetzt schläft die Erde, sie braucht Ruh.
Ein leichter Wind will dich jetzt wecken,
(mit dem Bierdeckel wedeln)
du darfst dich nun ganz tüchtig strecken.

Körperspiel

Nachdem die Kinder die Geschichte gehört haben, bekommen sie einen Zweig und einen Bierdeckel. Ein Kind legt sich, das andere spielt die Geschichte, dem Text entsprechend, mit einem Zweig auf dem Körper des Partners nach (Rollentausch).

Abschluss

Es sollte genügend Zeit für ein Gespräch bleiben. Haben die Kinder noch Interesse, so bekommt jedes eine Holzunterlage, ein Blatt Papier und einen gelben Stift. Bei ruhiger Musik kann jedes Kind die Sonne malen, die es beim Körperspiel gespürt hat.

Seife, Sand und Sonnenmilch

Körperspiel

Hinweis Die Kinder sollten für dieses Angebot eine Badehose, einen Badeanzug oder eine zweite Unterhose mitbringen.

Material Für jedes Kind ein Handtuch, eine kleine Tube Sonnenmilch (die kann auch von den Kindern von zu Hause mitgebracht werden), ein Schwamm, Seifen, ein Wasserschlauch, einige Gießkannen, eine Decke

Vorbereitung Ein Kreis aus Handtüchern wird gelegt, das restliche Material steht griffbereit und ist mit einem Tuch abgedeckt.

Einleitung Die Kinder sitzen auf ihren Handtüchern. Die Erzieherin stellt ihnen die Frage: „Was würdet ihr jetzt, an so einem warmen Sommertag, am liebsten machen?“ Ein lebhaftes Gespräch kann sich nun entwickeln. Danach stellt sie den Kindern Bettina und Janina vor und erzählt in der folgenden Geschichte, was diese Kinder gerne machen.

Geschichte Bettina ist eine kleine Sonnenanbeterin. Sobald die Sonne scheint, ist sie im Haus nicht mehr zu halten. Auf der Wiese hinter ihrem Haus kann sie wunderbar spielen. Aber Bettina spielt dort nicht allein. Auch Janina ist eine Sonnenanbeterin und Bettinas Freundin. Kaum sieht sie Bettina auf der Wiese, ist sie auch schon da. Zu zweit spielt es sich eben besser. Die Spielideen gehen ihnen nie aus. Da sie gerne mit Wasser und Sand matschen und bauen, darf der Badeanzug nicht fehlen. Deshalb hat jede von ihnen immer eine Badetasche dabei. Darin ist nicht nur eine Decke, sondern auch ein Badeanzug, ein Handtuch, Seife, ein Schwamm, trockene Kleidung, Bilderbücher, viele bunte Glanzbilder und Sonnenmilch. Damit sie sich in der heißen Sonne keinen Sonnenbrand holen, schützen sie mit der Milch ihre Haut immer besonders sorgfältig. Da das Verreiben von Sonnenmilch an manchen Hautstellen allein sehr schwierig ist, haben sie dazu ein lustiges Spiel erfunden. Es heißt: Seife, Sand und Sonnenmilch. Dazu braucht man jede Menge Wasser, Seife, Sand und Sonnenmilch. Aus dem Gerätehaus holen sie eine Gießkanne und einen Wasserschlauch. Nachdem sie ihre Decke ausgebreitet und ihre Badeanzüge angezogen haben, geht es los. Heute ist Bettina zuerst dran. Janina füllt in die Gießkanne Wasser und macht Bettina von Kopf bis Fuß damit nass.

Gut, dass es heute so warm ist, denn das Wasser ist kalt. Nachdem Bettina nass ist wie ein begossener Pudel, kommt Janina dran. Jetzt sind beide nass und sie rollen nun mit ihren feuchten Körpern im Sand herum. Das ist wie eine Massage und an manchen Stellen ziemlich kratzig. Wenn sie von Kopf bis Fuß voller Sand sind, spritzen sie sich gegenseitig mit einem Wasserschlauch ab, und mit Seife und Schwamm waschen sie sich noch gegenseitig den letzten Sand vom Körper. Sind sie sauber, trocknen sie sich gegenseitig mit dem Handtuch ab. Nun aber kommt das Allerschönste. Beide holen die Sonnenmilch und damit malen sie sich gegenseitig Kreise, Striche, eine Sonne oder andere Bilder auf den Körper und verteilen die Sonnenmilch auf alle freien Hautstellen. Die Finger sind dann ganz glitschig und gleiten gut über den Körper, und deshalb macht ihnen dieses Spiel riesigen Spaß. Wenn sie überall eingecremt sind, legen sich die beiden Sonnenanbeterinnen auf die Decke, träumen, schauen sich Bilderbücher an, tauschen ihre bunten Sammelbilder aus und reden über dies und das.

Die Sommer-Sonnen-Fee

Wahrnehmungsspiele

Material Ein Korb mit einer Auswahl an Sommerfrüchten und Gemüse (gewaschen), kleine Teller, Messer, ein kleiner Korb (Schüssel) Erdbeeren, Augenbinden, ein großes Abdecktuch

Vorbereitung Ein Sitzkreis wird gestellt und das Material liegt griffbereit. Es ist mit einem Tuch abgedeckt.

Einstieg Die Kinder sitzen im Kreis, bilden mit der Hand eine Schale und schließen die Augen. Jedes Kind bekommt eine Erdbeere, probiert sie und öffnet die Augen. Auf ein Kommando hin nennen alle gemeinsam das, was sie verzehrt haben. Ein Gespräch über frische Sommerfrüchte und Gemüse und die Bedeutung für die gesunde Ernährung kann sich anschließen. Danach lädt die Erzieherin die Kinder zu der folgenden Geschichte ein.

Geschichte In einer kleinen Wurzelhöhle auf einer bunten Wiese ist die Sommer-Sonnen-Fee zu Hause. Sie sorgt im Sommer mit gesundem, frischem Obst und Gemüse, Beeren und Kräutern für ihre Freunde, die Wald - und Wiesentiere. Jeden Mittag um 12 Uhr sind ihre Freunde zur Stelle und der Tisch ist im Sommer immer reichlich gedeckt. Damit sich ihre kleinen und großen Gäste auch wohlfühlen, hat sich die Fee etwas Besonderes ausgedacht. Jeden Mittag gibt es ein Essen in einer ganz bestimmten Sommerfarbe. Mal sind auf dem Sommermittagstisch nur rote Nahrungsmittel, wie Tomaten, Erdbeeren oder Johannisbeeren zu finden, ein anderes Mal nur grüne Nahrungsmittel wie Paprika, Gurke oder Stachelbeeren, oder blaue Nahrungsmittel, wie Pflaumen, Blaubeeren oder Waldbeeren. Die Wald- und Wiesentiere wissen nie, welche Sommerfarbe an welchem Tag auf ihrem Mittagstisch zu finden ist. Sie lassen sich daher jeden Tag überraschen, und weil alles immer so gut schmeckt, essen sie alle Schüsseln und Teller leer. Von dem guten Essen der Sommer-Sonnen-Fee geht es ihnen gut. Sie fühlen sich gesund und kräftig und sind das ganze Jahr über fit. In der Mitte der Sommerzeit lädt die Sommer-Sonnen-Fee die Wald- und Wiesentiere zu einem Beerenfest ein. Dann gibt es Spiele, bei denen nicht nur gegessen, sondern auch gefühlt, gerochen und geraten wird. Wer alles ohne Fehler erraten hat, bekommt einen Beerenkorb und kann diesen mit nach Hause nehmen. Dort kann er dann in aller Ruhe allein oder aber auch mit Anderen die köstlichen Beeren verzehren. Alle Tiere wollen den Korb haben und deshalb gibt sich jeder beim Fühlen, Schmecken und Riechen viel Mühe. In diesem Jahr hat der Maulwurf Buddel den Beerenkorb gewonnen und mit wem er sich die Beeren teilt, ja, das ist bestimmt nicht schwer zu erraten.

Abschluss

Mit verbundenen Augen werden Früchte und Gemüse durch Fühl-, Riech - und Schmeckaufgaben identifiziert. Wer alles richtig erraten hat, bekommt den Korb mit Erdbeeren, den er sich natürlich, genau wie Buddel, mit den Kindern teilt.

Der besondere Tipp

Aus Sommerbeeren kann gemeinsam Marmelade für das gesunde Kindergartenfrühstück gekocht werden.

Rezept für Erdbeermarmelade:
1kg Erdbeeren, 1 kg Gelierzucker, Zitrone, saubere Schraubgläser
Zubereitung: Die Erdbeeren wiegen, waschen, putzen und zerkleinern. Diese in einen Kochtopf geben und 1 kg Gelierzucker dazuschütten. Das Gemisch mit einem Stampfer zerkleinern und nun unter ständigem Rühren zum Kochen bringen und nach Packungshinweis ca. 4 Minuten köcheln lassen. (eventuell einen Spritzer Zitrone dazugeben) Die Marmelade in saubere Gläser füllen, mit einem sauberen Deckel fest verschließen und kurze Zeit, auf dem Deckel stehend, erkalten lassen.
(Auch aus anderen Früchten schmeckt die selbstgemachte Sommermarmelade unvergleichlich gut)

Turnspiele mit nicht alltäglichen Spielgeräten

Freiluftangebot

Hinweis

Um die Verletzungsgefahr bei diesen Spielen so gering wie möglich zu halten, sollten diese Spiele auf dem Rasen durchgeführt werden. Mit Bettbezügen, Waschmitteltonnen, Kopftüchern, alten Tennis-, Tischtennis- oder Federballschlägern, Matratzen, Tennisbällen, Betttüchern und vielen anderen Gebrauchsgegenständen kann man wunderbare Spiele machen. Sammeln Sie diese. Die Eltern geben bestimmt gerne etwas ab.
(Sollten Ihnen zur Durchführung einige Gegenstände fehlen, so können Sie die Spiele beliebig verändern und dem vorhandenen Material anpassen. Ihrer Fantasie sind dabei keine Grenzen gesetzt.)

Material

Zwei Bettbezüge (sie werden unten aufgeschnitten), ein/mehrere Spielfass/-fässer oder Waschmitteltonnen, ein fester Stoffbeutel, für jedes Kind ein alter Tennis- oder Federballschläger und ein Tennisball, ein Gymnastikball, ein Trampolin oder mehrere Matratzen, ein Korbballnetz oder ein Gymnastikreifen, ein Betttuch, mehrere Kopftücher, Paketband, Schere, ein langes Seil

Der fliegende Sandsack

Ein Kopftuch wird mit Sand gefüllt und mit Paketband fest zugebunden. Das Sandsäckchen wird schnell im Kreis von Kind zu Kind geworfen. Wer das Säckchen fallen lässt, ruht sich so lange in der Kreismitte aus, bis ein anderer es fallen lässt.

Strohball rollen

Jeweils ein Kind kriecht in einen Bettbezug. Jeweils zwei andere Kinder rollen es zum Ziel.
Variation:
Je ein Kind krabbelt in ein Spielfass oder eine Waschmitteltonne. Es wird von einem anderen Kind zum Ziel gerollt.

Sandsackboxen

Ein fester Stoffbeutel wird mit Sand gefüllt, fest zugebunden und dann mit einem langen Seil an einen Baum gehängt. Die Kinder stellen sich in einem großen Kreis um ihn herum. Nun wird der Beutel durch Boxen immer in kreisender Bewegung gehalten. Das macht Spaß und erfordert schnelle Reaktionen.

Der Wackelmann

Die Kinder machen einen engen Kreis, ein Kind steht in der Kreismitte. Dieses lässt sich vertrauensvoll nach hinten, zur Seite oder nach vorne fallen. Die Kinder im Kreis fangen es immer wieder auf und so wackelt es hin und her oder rundherum.

Der rollende Ball

Die Kinder stehen mit einem Tennisschläger in der Hand im Kreis. Ein Ball wird nun in dem Innenkreis mit dem Tennisschläger immer hin und her gestoßen. Das Spiel erfordert schnelle Reaktionen.

Sandsäckchenweitwurf

Für jedes Kind wird ein kleines Kopftuch mit Sand gefüllt und fest zugebunden. Nun kann jedes Kind mit Schwung sein Säckchen weit werfen. Wer wirft am weitesten?

Wiesenkorbball

Ein Trampolin wird unter ein Korbballnetz gestellt. Jedes Kind bekommt einen Tennisball. Durch Hüpfsprünge auf dem Trampolin versucht jedes Kind an Höhe zu gewinnen und wirft den Ball in das Korbballnetz. Dieses Spiel kann auch als Mannschaftsspiel durchgeführt werden: Es werden zwei Mannschaften gebildet, z.B. mit jeweils 5 Kindern. Diese bekommen je einen Ball. Die Kinder versuchen nacheinander, ihre Bälle in das Netz zu werfen. Am Schluss kann gezählt werden, welche Mannschaft die meisten Bälle ins Netz geworfen hat.

Wenn kein Trampolin zur Verfügung steht, können auch mehrere Matratzen übereinander gelegt werden. An Stelle eines Korbballnetz kann auch ein Reifen hochgehalten oder an einem Baum aufgehängt werden.

Hinweis

Die Schiffschaukel

Ein Kind liegt in einem Betttuch. Das Tuch wird von den übrigen Kindern angehoben und durch Schaukelbewegungen in Schwung gebracht.

Spiele für fleißige Bienen

Freiluftangebot

Material Bilder, die das Bienenleben und die Arbeit eines Imkers zeigen, Wattebälle, für jedes Kind einen Sandeimer, für jedes Kind einen dicken Strohhalm, 20 Tennisbälle, 2 große Löffel, 4 große Eimer, ein Stapel Zeitungspapier, 20 Pappteller, eine Tüte Erbsen

Einstieg Die Kinder sitzen im Kreis. Die Erzieherin stellt ihnen ein Rätsel.

Rätsel Was ist das?
Ihr Summen hörst du aus der Ferne,
Süßes, ja, das mag sie gerne.
Sucht Süßes hier und auch mal dort,
ist sie satt, dann fliegt sie fort.
(Biene)

Ein lebhaftes Gespräch über das Leben der Bienen kann sich anschließen. Bilder und andere Sachinformationen können dieses Gesprächs intensivieren. Auch Gefahren für die Menschen und Vorsichtsmaßnahmen sollten thematisiert werden. Danach wird den Kindern die folgende Geschichte erzählt.

Geschichte In der Nähe eines großen Obstgartens steht ein Bienenhaus. Unzählige schwarzgelb gestreifte Bienen summen und surren tagaus und tagein in den Blumen herum, saugen mit ihren kleinen Rüsseln den Nektar aus den Blüten und fliegen dann zum Bienenhaus zurück.

Dort bringen sie den Nektar in die Waben. Jede Biene ist vom frühen Morgen bis zum späten Abend fleißig und eine hilft der anderen. Die Bienenkönigin ist sehr erfreut über ihr fleißiges Bienenvolk. Nur eine Biene ist nicht fleißig und darüber ärgern sich die anderen Bienen sehr: Es ist Sumsebrum. Sie liegt den ganzen Tag faul im Bienenhaus und rührt sich nicht von der Stelle. Sie mag sich nicht anstrengen und sie mag sich nicht schmutzig machen. Sumsebrum liebt es, zu träumen. Ihre Geschwister schimpfen oft mit ihr, aber Sumsebrum stört das gar nicht. Eines abends, als alle Bienen erschöpft von ihrer Arbeit zurückkehren und Sumsebrum wieder faul im Bienenhaus liegt, beschweren sie sich bei der Bienenkönigin. Sie findet das Verhalten von Sumsebrum auch nicht in Ordnung, und deshalb darf sie beim nächsten Blütenfest nicht dabei sein. Aber Sumsebrum macht sich nichts daraus. Sie liegt viel lieber da und träumt. Doch als sie sich jetzt wieder hinlegt, hat sie kurze Zeit später einen schrecklichen Traum. Sie wacht auf und sieht, wie ihre Flügel zittern, hört, wie ihr Herz schlägt und der Angstschweiß steht ihr auf der Stirn. Sumsebrum hat geträumt, sie könne nicht wie die anderen Bienen fliegen. Ihre Flügel seien durch das lange Liegen steif geworden und sie könne nur noch krabbeln.

Sumsebrum hat große Angst, dass ihr Traum Wahrheit sei. „Was geschieht nur mit mir, wenn ich nicht mehr fliegen kann?“, fragt sie sich. Als ihre Geschwister am nächsten Morgen schon lange das Bienenhaus verlassen haben, krabbelt sie nach draußen. Sie will ins Freie, um das Fliegen zu testen. Ganz vorsichtig bewegt Sumsebrum die Flügel. Zum Glück kann sie das noch. Nun krabbelt sie langsam weiter direkt auf den Ausgang zu. Auch das geht noch. Die Sonne scheint Sumsebrumm direkt ins Gesicht. Sie genießt die Wärme der Sonne, denn sie hat sie lange nicht gespürt. Sumsebrum schaut hin und her. Sie hat ganz vergessen, wie schön es im Sommer draußen ist. Der Duft der Blüten steigt ihr in die Nase. Da kommt ein Windstoß und hebt Sumsebrum in die Luft. Sie bekommt Angst, und glaubt abzustürzen. Doch sie breitet schnell ihre Flügel aus und tanzt wie ein Vogel leicht und frei in der Luft herum. Sumsebrum freut sich. Sie kann doch noch fliegen. Sie fliegt sogar sehr schnell und sicher. Mit einem Mal merkt Sumsebrum, wie viel Spaß ihr das Fliegen macht. Vergnügt und glücklich wie noch nie saust sie durch die Gegend, um sich alles anzuschauen. Da hört sie in ihrer Nähe das Summen ihrer Geschwister. Sie schaut sich suchend um und entdeckt sie in einem Obstgarten. Zielsicher und stolz fliegt sie direkt darauf zu. Ihre Geschwister sind wieder damit beschäftigt, Nektar zu sammeln und bemerken Sumsebrum gar nicht. Erst als sie sich auf den Heimweg machen wollen, entdecken sie ihre Schwester. Erfreut dreht Sumsebrum vor ihren Geschwistern eine Runde. Nun sammelt auch sie Nektar, bringt ihn zum Bienenhaus und füllt ihn in die Waben. Von diesem Tag an hilft Sumsebrum täglich ihren Geschwistern.

Spiele

Bienen-Spiele:
In der Kreismitte / auf der Wiese liegen Watteballchen. Sie symbolisieren den Blütenstaub. Die Kinder werden in zwei Bienenvölker aufgeteilt und bekommen ein farbiges Krepppapierband um den Kopf gebunden. Jedes Volk muss einen Eimer mit Watteballchen füllen, d.h. sie saugen die Bällchen mit einem Strohhalm an und bringen sie in einen Eimer. Welches Bienenvolk war das fleißigste?
Variation: Erbsen oder Papierschnipsel können angesaugt und transportiert werden.

Die zwei Bienenvölker sitzen sich in zwei Reihen gegenüber. Jede Mannschaft bekommt einen Eimer mit Tennisbällen. Das erste Kind jeder Reihe nimmt aus einem Eimer einen Tennisball, legt ihn auf einen Löffel und nun wird der Löffel in der Reihe weitergegeben. Das letzte Kind in der Reihe legt den Ball in einen Eimer.
Welches Bienenvolk war das schnellste?

Zwei identische Krabbelstraßen aus Zeitungspapier werden gelegt. Die Kinder jedes Bienenvolkes krabbeln über den Weg zum Ende, holen einen Tennisball und krabbeln zurück. Dann krabbelt das nächste Kind los. Welches Bienenvolk war das schnellste?

Auf der Erde stehen Pappteller. Darauf liegen Erbsen. Jedes Kind bekommt einen kleinen Eimer. Nun müssen die zwei Mannschaften die Erbsen schnell einsammeln. Welches Volk war das schnellste?

Ein Bienenvolk ist durch die Sommerhitze wild geworden. Es muss eingefangen werden. Der Imker versucht die Bienen zu fangen. Immer wenn er eine Biene gefangen hat, wird diese auch zum Imker und fängt mit. So nimmt die Zahl der Bienen ab und die der Imker zu.
Hinweis: Man kann hier eine Schmeck-Station zum Thema „Honig" anschließen. An der Schmeck-Station können verschiedene Honigsorten (z.B. Klee, Akazien, Tannen, Raps, Thymian) probiert werden. Wenn möglich sollte kalt geschleuderter Honig verwendet werden, weil er besser schmeckt und gesünder ist. Ein Imker aus Ihrer Nähe ist vielleicht bereit, Ihnen und Ihren Kindern Fragen zu beantworten. Es wäre sicherlich auch sehr interessant, zum Thema Bienen ein Sachbuch anzuschauen. (Literaturtipp: Meyers kleine Kinderbibliothek: Die Biene)

Leichte Leckereien für den Sommer

Sommerbar

Ein Tisch wird mit einer gelben Tischdecke, buntem Krepppapier und Luftballons geschmückt. Dazu wird ein Sonnenschirm gestellt, der auch mit bunten Luftballons geschmückt ist. An dieser Sommerbar können die Kinder sich an leichten Speisen erfreuen. Aus leeren Sprudelkästen lassen sich schnell Barhocker und Tischen, zaubern, die dann noch mit Papiertischdecken oder bunten Stoffen dekoriert werden können. Bitte die Hocker mit kleinen Kissen ausstatten, denn sonst sitzt es sich nicht gut.

Tropensalat

Zutaten: eine Auswahl an Früchten, Zucker oder Honig, Nüsse, Rosinen, 2 EL Zitronensaft

Zubereitung: Die Früchte werden kleingeschnitten: den Zitronensaft dazugeben und mit Zucker oder Honig süßen. Wenn die Kinder dies mögen, können Nüsse und Rosinen untergemengt werden. Servieren sie diesen Tropensalat in einer ausgehöhlten Ananas.

Sommerlicher Fruchtmixsaft

Zutaten: Orangen, Äpfel, Weintrauben, Kiwi, Orangenpresse und Entsafter

Zubereitung: Aus den Früchten lässt sich leicht ein Mixgetränk zubereiten. Wenn man beim Auspressen der Orangen darauf achtet, dass die Schale nicht beschädigt wird, kann man, nach einer Säuberung, den Fruchtmix darin servieren.

Hinweis: Die Früchte können auch einzeln angeboten werden, denn nicht jedes Kind mag jede Frucht.

Mit Partystrohhalmen serviert, schmeckt der Saft nochmal so gut.

Variation: Diesen Fruchtsaft können sie mit Milch zu einem wunderbaren Milchmixgetränk verwandeln.

Früchtereis

Zutaten: Milchreis, Milch, eine Dose Früchtecocktail, Sahne

Zubereitung: Den Milchreis nach Vorschrift kochen, kalt werden lassen, Sahne steif schlagen und mit den Früchten untermengen. Der Fruchtreis kann kalt und mit Zimt und Zucker bestreut gegessen werden.

Crêpes mit Fruchtsoße/Schokoladensoße

Zutaten: 250 g Sahne, 100 g Mehl, 2 EL Puderzucker, 2 Eier, 2 EL zerlassene Butter, 2 EL Zucker, 1 Prise Salz, Margarine zum Braten und Puderzucker zum Bestreuen, 1 kg Erdbeeren (oder andere Früchte)

Zubereitung: Früchte pürieren. Sahne und Mehl verrühren und ca. 10 Minuten stehenlassen, restliche Zutaten untermengen und dünne Crêpes damit backen. Mit Puderzucker bestreuen, zusammenrollen und die Fruchtsoße darübergeben.

Einladungskarten für Sommeraktionen

Kreativangebot

Sollten Sie ein Abschlussfest planen, so finden Sie hier einige Anregungen für sommerliche Einladungskarten.

Die individuelle Einladungskarte

Material Weiße Bastelpappe im Postkartenformat und buntes Faltpapier, Schere, Klebstoff

Herstellung Die Karten werden mit buntem Papier sommerlich gestaltet, z.B. mit einer Sonne, einer Sonnenblume, einem Sonnenschirm, einem Eis. Auf die Rückseite wird die Einladung geschrieben.

Die Sonnenbrillenkarte

Material bunte Bastelpappe, Alufolie, Schere, Klebstoff

Herstellung Auf bunter Bastelpappe wird eine Sonnenbrille mit Bügel gemalt und ausgeschnitten. Die Bügel werden eingeknickt, sodass eine Brille entsteht. Auf die Vorderseite werden zwei aus Alufolie geschnittene Kreise geklebt und die Brille ist fertig. Auf die Rückseite kann die Einladung mit allen wichtigen Hinweisen geschrieben werden.

Einladung auf einer Schwimmente

Material Bunte Plastikschwimmenten, Folienschreiber

Herstellung Alle wichtigen Informationen für dieses Fest werden auf eine bunte Plastikschwimmente geschrieben, die die Kinder noch bunt malen können. Die Ente ist gleichzeitig die Eintrittskarte und damit kann an dem Nachmittag noch ein Spiel durchgeführt werden.

Entenrennen.
Auf einer Folie wird Schmierseife oder Seifenwasser verteilt. An die Enten wird ein langes Wollband gebunden. Die Enten stehen am Folienanfang (Start). Auf ein Kommando ziehen die Kinder nun die Enten zum Folienende (Ziel).

Der Zaubersee

Material Weiße Bastelpappe, dicke Filzschreiber, eine weiße dünne Kerze, ein Schälmesser

Herstellung Aus der weißen Pappe wird eine Karte geschnitten. Mitten auf die Karte malen Sie den Umriss eines großes Sees. Dort hinein schreiben Sie mit einer vorher angespitzten Kerze die Einladung. Den Rest der Karte gestalten die Kinder. Auf der Rückseite müssen sie folgenden Hinweis geben: „Dieses ist ein Zaubersee: Erst wenn du den See mit sehr dünner blauer Wasserfarbe übermalst, kannst du lesen, was ich dir zu sagen habe.“ Das Wachs wirkt wasserabweisend, darum wird der Text beim Übermalen mit Wasserfarbe sichtbar.

Hinweis Da der See ziemlich groß sein muss kann die Karte auch geknickt werden. Dann ist der See innen und der Hinweis außen auf der Karte. Die Doppelkarte kann dann schön bemalt werden.

Die besonderen Sommeraktionen

Feuchtfröhliche Spiele: Eine Wiese wird zum Wasserparadies
Reimgeschichte und kreative Aktionen:
In der Sommerkunstschule von Hase Hüpf
Sommertheater: Ein Tag im Sonnenland
Freiluftangebot: Spiele und Experimente mit Sand
Sommer-Sonnenfest

Eine Wiese wird zum Wasserparadies

Feuchtfröhliche Spiele in der Minibadeanstalt

Material 12 Blechdosen, 5 Schwämme, 3 leere Spritzflaschen, ein großes Stück dicke Folie, viele Tennisbälle, Luftballons, ein Wasserschlauch, 6 Planschbecken oder Wannen, eine Luftpumpe, Krepppapier in rot, gelb, grün, blau, ein Korb mit unterschiedlichen Materialien, wie Stoff, Papier, Holz, Styropor, Watte, Schwämme, Steine, Streichhölzer, unterschiedliche Becher und Gefäße, Trichter, Löffel, Eimer, Strohhalme, Waschlappen, Luftballons, Teller, Speiseöl, Farbe, Salz, Zucker

Wichtige Dinge Sonnenschirme, Sonnencreme, Sonnenkappen, Erste-Hilfe-Kasten, Mückenstichsalbe, eventuell Sprudelkästen zum Sitzen, ein Tisch. Jedes Kind sollte eine Badetasche mit fest verschließbaren Wasserschuhen, Badehose bzw. Badeanzug, trockener Kleidung und ein Handtuch mitbringen.

Hinweis Um Verletzungen vorzubeugen, sollten viele Spiele auf dem Rasen durchgeführt werden. Bitte denken sie auch daran, dass die Kinder sich zwischendurch immer wieder abtrocknen oder sich ein Badetuch umhängen um sich aufzuwärmen.

Wasserball

Material Luftballons, Wasser, eine Schnur

Ablauf Die Schnur wird zwischen zwei Bäumen (Wand, Zaun) gespannt. Ein Luftballon wird mit Wasser gefüllt und fest verknotet. Die Kinder verteilen sich auf beiden Seiten der Schnur und werfen sich den Wasserball zu. Er sollte nach Möglichkeit nicht auf die Erde fallen. Passiert es doch, so platzt er (oder auch nicht).

Schleuderball:

Material 5 Luftballons für jedes mitspielende Kind, Wasser, ein Ziel (z. B. eine Hauswand ohne Fenster, eine Mauer, ein Garagentor)

Ablauf Jedes Kind hat 5 Schleuderversuche. Aus einer festgelegten Entfernung schleudern sie die mit Wasser gefüllten Luftballons auf das Ziel. Alle zählen laut mit. Wird nicht getroffen, so wirft der Nächste. Wer schafft es, mit allen Luftballons das Ziel zu treffen?

Schwammwerfen

Material 5 Schwämme, 11 leere Blechdosen, ein Tisch, ein Eimer mit Wasser

Ablauf Jedes Kind versucht, aus einer bestimmten Entfernung mit höchstens 5 nassen Schwammwürfen den Dosenturm umzuwerfen.

Ab ins Planschbecken

Material So viele kleine Schwimmbecken oder Wannen wie möglich, ein Plastikeimer, ein Holzlöffel

Ablauf Auf einer Wiese stehen die Schwimmbecken und Wannen. Sie sind mit Wasser gefüllt. Die Erzieherin schlägt auf dem Eimer mit dem Holzlöffel einen Hüpfschlag. Die Kinder bewegen sich danach auf der Wiese. Bei einem festen Schlag, springen die Kinder schnell in eine Wanne oder ein Becken. Regel: Jeder springt in ein Becken. Ist dieses schon besetzt, wird ein anderes Becken gesucht. Wer kein Becken bekommt, muss auf die Abkühlung verzichten.

Auf der Krabbelstrasse

Material Ein großes Stück dicke Abdeckfolie, Schmierseife, 10–12 Tennisbälle, ein Wasserschlauch, Wasser

Ablauf Eine dicke Folie wird auf der Wiese ausgebreitet. Sie wird nass gemacht und mit etwas Schmierseife eingerieben. Die Kinder knien am Anfang der Folie. Auf ein Signal hin (Pfeife oder Topfdeckel) krabbeln sie schnell zur anderen Seite der Folie, dort liegen Tennisbälle. Sie holen sich jeweils einen und rollen ihn zum Start zurück.

Variation Rutschen auf dem Po, liegend auf dem Bauch, aber NICHT laufen, denn das ist zu glatt. Es können auch zwei Kinder zusammen spielen, indem sie sich gegenseitig schieben. Wenn das Spiel beendet ist, werden alle mit einem Wasserschlauch abgespritzt.

Große Wäsche

Material 3 Gießkannen, 3 Flaschen mit Schmierseife, Wasser

Ablauf Die Kinder bilden Paare. Auf ein Signal hin (Pfeife, Topfdeckel) macht ein Kind das andere mit Wasser nass, seift es ein (Vorsicht, nicht das Gesicht und die Haare) und spritzt es auch wieder mit Wasser ab. Danach werden die Rollen gewechselt. Welches Spielpaar ist zuerst sauber?

Eine Bettdecke aus Sand

Material 3 Gießkannen, Sand und Wasser

Ablauf Zunächst wird gemeinsam der Sand nass gemacht. Dann bilden die Kinder Paare. Ein Kind liegt. Das andere Kind deckt es mit Sand zu. Gesicht bzw. der Kopf bleibt frei. Hinweis: Es können auch größere Spielgruppen gebildet werden, d.h. einer liegt und mehrere decken zu.

Variation Das Kind wird mit Tüchern oder Stoffresten zugedeckt.

Körperkunst

Material Fingerfarbe (hautfreundlich), mehrere Pinsel, Wasser, Schwamm

Ablauf Die Kinder bilden Paare. Nun malen sie sich gegenseitig mit Fingerfarbe, den Fingern und den Pinseln an. Mit Schwamm und Wasser können sie sich dann wieder sauber wischen.

Das Feuer-, Wasser-, Wolkenspiel

Material 4 Wannen mit Wasser, Wasserfarbe in rot, grün, blau und gelb, eine Wanne mit ca. 20-30 Tennisbällen, vier Bilder mit unterschiedlichen Motiven wie: Wolke, einige Grashalme, eine Sonne und Feuer (alternativ: vier Farbkarten in rot, blau, gelb und grün)

Ablauf In jede Wanne wird etwas Wasserfarbe gemischt. Dadurch färbt sich das Wasser. Rot = Feuerwasser, gelb = Sonnenwasser, blau = Wolkenwasser, grün = Wiesenwasser. Die Kinder haben einen Tennisball in der Hand und laufen auf der Wiese umher. Hebt die Erzieherin ein Bild/eine Farbkarte, so laufen die Kinder schnell zur entsprechenden Wanne und werfen einen Tennisball hinein. Dann holen sie sich einen neuen Tennisball. Sofort wird weitergespielt und ein anderes Bild bzw. Farbkarte gezeigt. Fällt ein Ball neben die Wanne, darf er nicht aufgehoben werden.

Was schwimmt und was geht unter?

Zum Experimentieren stehen den Kindern verschieden große Gefäße, Wannen oder ein Planschbecken zur Verfügung. Nun können sie die Eigenschaften von unterschiedlichen Materialien beobachten. Sie stellen fest, dass manche Dinge schwimmen und manche versinken.

Wettspiel

Jeder Mitspieler bekommt eine bestimmte Anzahl Perlen. Bevor ein Gegenstand ins Wasser geworfen wird, kann gewettet werden, z.B. „Ich wette, dass der Korken schwimmt" oder aber „Ich wette, dass der Korken untergeht." Wer die Wette gewonnen hat, bekommt eine Perle. Wer eine Wette verloren hat, muss eine Perle abgeben. Nach einigen Wettrunden wird der beste Wetter ermittelt.

Variation

Wasserspiele und eigene Experimente

Mit Hilfe von Gegenständen wie Bechern, Trichtern, Löffeln, Schwämmen, Strohhalmen, Eimern, Waschlappen usw. spielen und experimentieren die Kinder mit Wasser. Sie haben bestimmt viele Ideen, was sie noch mit dem Wasser spielen oder ausprobieren können.

In der Sommerkunstschule von Hase Hüpf

Reimgeschichte und kreative Aktionen

Material

Große und kleine Pappen und Papier, alte Oberhemden als Malkittel, Tapeziertische, Eimer mit Wasser, Tücher, dicke Pinsel, Schwämme, dicke und dünne Strohhalme, Tapetenkleister, mehrere Spachtel, viele saubere Marmeladengläser, verschiedene Pigmente, um selbst Farbe herzustellen (erhältlich im Malerfachgeschäft), kleine Holzspachtel, Kämme, Bürsten, Klebestreifen zum Befestigen des Malpapiers, mehrere unterschiedlich große Glas-, Holz- oder Tonkugeln, Schuhkartondeckel, Schere, dicke Wolle oder Kordel, Abdeckfolie, für alle Kinder ein Pappbecher und ein kühles Getränk, eine Auswahl an anderen Farben wie Fingerfarben, Abdeckfarben, Schmirgelpapier, alte Stühle oder andere Möbelstücke

Vorbereitung einen Tag vorher

Die Erzieherin malt am Tag vorher einige Bilder, die aber nicht kunstvoll sein müssen. Vielleicht können schon einige Techniken vorgestellt werden wie: Pustetechnik, Klatschtechnik, Kugeltechnik, Kordeltechnik usw.

Vorbereitung am Angebotstag

An einem kühlen, schattigen Platz werden die Tapeziertische aufgebaut und mit Abdeckfolie überzogen. Alle anderen Materialien liegen griffbereit auf einem Materialtisch.

Einstieg

Die Erzieherin zeigt den Kindern die Bilder und in einem Gespräch kann über Techniken und Kunst gesprochen werden. Danach lädt sie die Kinder in die Sommerkunstschule vom Hasen Hüpf ein, denn da wurden die Bilder gemalt, und erzählt die folgende Versgeschichte. Da auch Reimen eine Kunst ist, können die Kinder das letzte Wort/die letzte Silbe in der zweiten Zeile mitsprechen.

Geschichte

Hase Hüpf, der wohnt am Weiher,
er bemalt nicht nur die ... (Eier),
Stühle, Schuhe, Dosen, Holz,
auf seine Kunst, da ist er ... (stolz).
Im Sommer hat er viel zu tun,
da kann Hüpf nur wenig ... (ruhn).
Seine Kunst, die ist im Land
Groß und Klein sehr gut be ... (kannt).
Alle kommen zu ihm her,
seine Kunst mag jeder ... (sehr).
In seiner Schule da lernt jeder
zu malen mit und ohne ... (Feder).
Kleistern mit und ohne Gips,
ja, das macht Spaß und geht sehr ... (fix).
Aus einem Stuhl, da wird ein Thron,
auch schnitzen, das kann Udo ... (schon).
In dieser Schule ist es schön,
hierher wollen viele ... (gehn).
Ausgestellt wird auf der Wiese
das Bild von Peter und der ... (Liese).
Doch ist der Sommer dann vorbei,
ist Schluss auch mit der ... (Malerei).
Hase Hüpf braucht eine Pause,
die kleinen Künstler gehn nach ... (Hause).
Die Sommerschule, die macht zu,
Hüpf, der hat nun lange ... (Ruh).
Doch bestimmt im nächsten Jahr
sind alle Künstler wieder ... (da).

Abschluss Nun werden alle Kinder in die Sommerkunstschule eingeladen. Den ganzen Tag über (oder sogar mehrere Tage lang) kann nun gemalt, gekleistert, experimentiert, also „Kunst" gemacht werden. Die Kinder sollen Farbe, Kleister, Gips und viele andere Materialien erleben. Jeder kann selbst Farbe herstellen. Dazu wird ein Ei getrennt und in ein Marmeladenglas geschüttet. Dazu kommt ein beliebiges Farbpigment. Umrühren und die Farbe ist fertig. Wasser, Tapetenkleister, angerührter Gips verändern die Malfähigkeit und somit das Kunstwerk. Auch alte Möbelstücke wie Stuhle, Tische, Bänke können angemalt werden (vorher schmirgeln und hinterher lackieren).

Ist dieses Sommerprojekt beendet, können alle Kunstwerke im Kindergarten oder auf einer Wiese ausgestellt und zum Kauf angeboten werden.

Variation Auch Kunstwerke aus Holz, aus Blechdosen, aus Stoff, aus Stein usw. können im Laufe des Sommers in dieser Kunstschule für kleine Leute hergestellt, ausgestellt und verkauft werden. Der Fantasie sind keine Grenzen gesetzt. Der Sommer bietet sich dazu an und dies ist bestimmt ein unvergessliches Erlebnis.

Hinweis Auf diese Weise kann auch einmal ein Sommeraktionstag mit Eltern als Alternative zum üblichen Sommerfest gestaltet werden. Sie werden sehen, auch Erwachsenen macht das Malen, Kleistern, Skulpturenbauen oder -hauen, Kunstwerke erstellen viel Spaß. Ytongsteine, Holz, Stoffe, Pappen, Papprohre, Kartons usw. sind bestimmt über die Eltern reichlich zu bekommen.

Auf dem Abschlussfest kann eine Ausstellung oder Vernissage mit den entstandenen Bildern veranstaltet werden.

Ein Tag im Sonnenland

Sommertheater

Hinweis

Da das Ende des Kindergartenjahres auch in die Sommerzeit fällt und oft Ideen für die Gestaltung der Feier gesucht werden, kann dieses Spiel problemlos dafür Verwendung finden. Das Spiel beansprucht wenig Vorbereitung. Eine Verkleidung und eine Bühne sind zwar nicht notwendig, geben dem Stück aber eine besondere Note und lassen Theateratmosphäre entstehen.

Mitspieler

Eine Sonnenkönigin, 4 Strahlenkinder, 3 Blumenkinder, 3 Hasenkinder, 2 Menschenkinder, ein Kind, welches eine Tanne darstellt.

Tipps für Verkleidungen und Dekoration

Verkleidung: 5 gelbe Umhänge aus Krepppapier, geschmückt mit gelben Wattekugeln, eine goldene Krone, 3 Blumenkränze, 3 Hasenohren aus Pappe, eventuell der Darstellung entsprechend farbige Strumpfhosen und Pullis, 2 Sonnenkappen für die Darsteller der Menschenkinder, grüner Umhang für die Tanne

Bühnendekoration

Eine Schnur, ein weißes Betttuch, ein blaues Betttuch, zwei große grüne Tücher, mehrere Tannen aus grüner Pappe, 4 Kopfkissen mit blauem Bezug, zwei Hocker, ein Strahler

Bühnengestaltung

Eine Schnur wird lang durch den Raum gespannt. Auf ein Betttuch wird ein großes goldgelbes Schloss gemalt und als Bühnenhintergrund aufgehängt.

Weitere Utensilien

Röhrenglockenspiel, 4 Haushaltsrollen, die mit Goldpapier umwickelt sind, ein Sandeimer, der mit Goldpapier umwickelt ist, gelbe Wattekugeln, die als Sonnenpulver verwendet werden, eventuell Schminkstifte, mehrere Wäscheklammern

Werden die Stühle wie in einem richtigen Theater hintereinander gestellt, so steht dem Gelingen nichts im Wege.

Theaterstück

Im Sonnenland, weit draußen am Ende dieser Welt, lebt in einem großen goldenen Schloss die Sonnenkönigin (gelber Krepppapierumhang, goldene Krone, gelb geschminkt) mit ihren kleinen Sonnenstrahlenkindern (gelber Krepppapierumhang, gelb geschminkt). Jeden Morgen geht die Sonnenkönigin zu ihnen, um sie aus ihren Träumen zu holen. Sie liegen in ihren weichen Wolkenbetten und mögen es gar nicht, geweckt zu werden. (Die Sonnenstrahlenkinder liegen auf Kopfkissen. Die Königin weckt sie mit einem gelben Wattebausch. Dabei klingen leise Töne eines Röhrenglockenspiels.) Nachdem sich die verschlafenen Sonnenstrahlenkinder von ihren Träumen verabschiedet haben, holen sie ihre Ferngläser und schauen hinunter zur Erde. (Jedes Kind holt sich eine mit Goldpapier umwickelte Haushaltsrolle und schaut suchend hindurch.) Sie schauen nach, wen sie heute Morgen auf der Erde zuerst mit ihren warmen Strahlen wecken müssen. Da entdeckt ein Strahlenkind eine Wiese. Auf der stehen viel bunte Blumen, die sich nach dem Sommer und der Wärme sehnen. Kraftlos lassen sie ihre Blütenköpfe hängen. (Ein grünes Tuch liegt in einer Ecke der Spielbühne. Darauf sitzen, mit hängenden Köpfen, die Kinder mit den Blumenkränzen auf dem Kopf.) Schnell holen die Sonnenstrahlenkinder ihr Sonnenpulver (Goldpapiereimer mit den Watteballchen) und streuen es auf die Blumenwiese. (Die Strahlenkinder bestreuen die Blumenkinder mit einigen Wattebällchen.)

Die Blumen spüren sofort die wohltuende Wärme. Sie recken ihre Blütenköpfe der Sonne entgegen, singen und wiegen sich im warmen Sommerwind. (Die Blumenkinder singen und stellen die Szene pantomimisch dar)

(Melodie: Zeigt her eure Füße)
Wir recken die Köpfe, kommt, schaut euch mal an,
was so ein Blumenkind im Sommer alles kann.
Es wiegt sich, es wiegt sich, es wiegt sich hin und her,
die Sonne, die Sonne, die mag es ja so sehr.

Nun schauen die Strahlenkinder noch einmal auf die Erde (Fernglas) und unter einer Tanne entdecken sie drei kleine Hasen, die auch auf die Wärme der Sommersonne warten. (Die Hasen sitzen unter der Tanne, die von einem Kind dargestellt wird.) Auch ihnen schenken sie warmes Sonnenpulver. (Die Strahlenkinder bestreuen die Hasenkinder mit Wattekugeln.) Die Hasenkinder freuen sich über die Wärme. Sie singen und hoppeln zwischen den Blumen umher. (Die Kinder singen und stellen die Szene pantomimisch dar)

(Melodie: Zeigt her eure Füße)
Wir spitzen die Ohren, kommt schaut euch mal an,
was so ein Hasenkind im Sommer alles kann.
Es hoppelt, es hoppelt, es hoppelt hin und her,
die Sonne, die Sonne, die mag es ja so sehr.

Danach fressen sie sich an dem Blumenblättern satt und hoppeln zurück in ihren Wald (pantomimisch darstellen).

Nachdem die Strahlenkinder auch die Hasen mit dem warmen Sonnenpulver eine Freude gemacht haben, schauen sie wieder auf die Erde. Ob sie wohl noch jemanden finden, dem sie ihre Wärme schicken können? (Mit dem Fernglas suchend umherschauen.) Da entdecken sie auf einer Bank zwei kleine Menschenkinder. Sie sitzen zusammengekauert da und wirken sehr traurig (pantomimisch darstellen). Auch sie sehnen sich nach den warmen Sommersonnenstrahlen. Die Strahlenkinder greifen in ihren Eimer und schicken nun auch den Menschenkindern Wärme (die beiden Kinder mit Watteböllchen bestreuen). Die Menschenkinder spüren sie sofort. Sie freuen sich, recken sich der Sonnen entgegen, singen und hüpfen vergnügt umher (singen und pantomimisch darstellen).

(Melodie: Zeigt her eure Füße)
Wir recken die Arme, kommt schaut einmal an,
was so ein Menschenkind im Sommer alles kann.
Es hüpft, es hüpft, es hüpft froh hin und her,
die Sonne, die Sonne, die mag es ja so sehr.

Danach laufen die Menschenkinder zur Wiese, erfreuen sich an dem Duft der Blumen und laufen vergnügt in den Wald (pantomimisch darstellen). Nun schauen die Strahlenkinder noch einmal auf die Erde (durch das Fernglas schauen). Sie haben ihre Arbeit gut gemacht. Ihr warmes Sonnenpulver hat Pflanzen, Tiere und Menschen glücklich gemacht. Sie freuen sich, denn sie sehen, wie zufrieden alle sind. Die Blumen wiegen sich in der Sonne, die Hasen hüpfen froh umher und auch die Menschen sind vergnügt (pantomimisch darstellen und singen).

(Melodie: Zeigt her eure Füße)
Wir hüpfen und springen, wir wiegen uns sacht,
kommt, schaut einmal zu, was man im Sommer alles macht.
Wir sagen, wir sagen, der Sonne: Danke schön!,
wir wollen, wir wollen mit ihr durchs Leben gehen.

Nun sind die Strahlenkinder zufrieden. Ihr Eimer ist leer und von ihrer Arbeit sind sie müde (die Kinder gähnen). Die Sonnenkönigin kommt. Sie ist stolz auf ihre Strahlenkinder. Gemeinsam schauen sie noch einmal durch ihre Ferngläser, verabschieden sich von der Erde und verschwinden hinter einer Wolke. (Die Königin und die Strahlenkinder schauen durch ihre Ferngläser, winken zur Erde und gehen hinter ein blaues Tuch.) Die Dunkelheit bricht herein (Bühnenlicht ausschalten) und ein schöner Sommertag geht vorbei. Die Blumen senken ihre Köpfe, die Hasen legen sich unter die Tanne und die Kinder laufen nach Hause (pantomimisch darstellen). Es ist still auf der Erde und die Strahlenkinder, die hört man, wenn man seine Ohren spitzt, ganz leise summen (die Strahlenkinder summen hinter der Wolke die Melodie des Liedes: Zeigt her eure Füße).

Spiele und Experimente mit Sand

Freiluftangebot

Material Mehrere kleine Wasserbecken, Wannen, Schüsseln, verschieden große Trichter, flüssige Fingerfarbe, Siebe, Messbecher, Eimer, Gießkanne, Tomatenkisten mit Holz und Naturmaterialien, kleine Spielzeugteile, Korken, Kugeln, Knöpfe, Schippen, Förmchen, ein Wasserschlauch, Handtücher, leere Glasflaschen mit Schraubverschluss, ein dicker Nagel, Hammer, Klebeband, Tapetenkleister, Blechdosen, Plastikschalen, Pappteller

Hinweis Die Kinder sollten Badeanzug/Badehose tragen. Die Materialien liegen griffbereit und schon kann der Spaß beginnen.

Sandfühlstraße
In mehrere kleine Wasserbecken wird trockener, feuchter, nasser, matschiger Sand (eventuell noch grober und feiner) gefüllt. Barfuß können die Kinder diesen Sand erfahren.

Sandbaubecken
Ein Wasserbecken wird mit Sand gefüllt. Dieser muss immer gut feucht sein, damit er formbar ist. Die Kinder können mit Naturmaterialien wie Steinen, Ästen, Zweigen, Kastanien, Holz usw. Landschaften bauen.

Sandfärberei
Ein Becken wird zum Sandlabor. An einem Tisch können die Kinder mit verschiedenen Gefäßen, flüssiger Fingerfarbe, Trichter, Sieben, Messbechern usw. mit Sand experimentieren, ihn färben, messen und wiegen.

Sandwäscherei

In einem Becken mit Sand werden kleine Gegenstande versteckt: Naturmaterialien, kleine Spielzeugteile, Knöpfe, Korken schöne Muscheln, Steine, bunte Glaskugeln usw.

Mit Eimer, Schaufel und Sieben können die Kinder nun die Teile suchen und anschließend in einem Becken mit Wasser waschen.

Sandbäckerei

In einem Becken wird der traditionelle Sandkuchen gebacken. Verschiedene Förmchen, verschieden große Tontöpfe, kleine bunte Steinchen zum Verzieren der Torten, Eimer, Schaufel, Sandwaage, Löffel, Rührschüsseln usw. lassen die Kinder zu begeisterten Sandkuchenbäckern werden.

Spuren im Sand

Sand wird mit Tapetenkleister vermengt und auf Pappteller gefüllt. Nun können mit den Fingern, Stöcken, Gabeln oder anderen Gegenständen Spuren hinterlassen oder Bilder gemalt werden, die jedoch nicht immer haltbar sind.

Sanduhr

In den Deckel einer Schraubverschlusskappe wird mit einem dicken Nagel ein Loch geschlagen. In eine zweite Flasche wird trockener Sand gefüllt. Darauf wird die Flasche mit dem Schraubverschluss gestellt und fest mit Tesaband verklebt. Nun wird die Sanduhr umgestülpt und der Sand rieselt in die untere Flasche. Wenn man feststellt, wie lange dieser Vorgang dauert, kann die Sanduhr auch als Zeitmesser eingesetzt werden. Es könnten nun einige kleine Wettspiele gemacht werden, bei denen die Sanduhr eingesetzt werden kann. Sie signalisiert den Beginn und das Ende des Spieles.

Beispiele: Um die Wette Sandkuchen backen; um die Wette Sandeimer füllen; um die Wette mit einem Esslöffel Sand in leere Gläser füllen.

Sommer – Sonnenfest

Vorbereitung

Einige Tage vorher werden viele gewaschene und getrocknete Steine mit gelber Plakafarbe angemalt und zu Beginn des Festes an Kinder und Erwachsene verteilt.

Hinweis

Dieser Reim eignet sich als Einstieg und zur Begrüßung für ein kleines Sonnenfest. Die neuen Kinder können damit begrüßt oder die „Großen“ entlassen werden.

Drei gelb gekleidete Kinder mit gelben Gesichtern tragen den Reim vor

Vers

1. Kind
Liebe Sonne, voller Freude,
feiern wir ein Sonnenfest.
Und es sind gekommen heute,
ja, ganz viele Ehrengäst'.

2. Kind
Wir wollen dir heut etwas schenken,
wir haben etwas mitgebracht.
Wir wollen heute an dich denken
damit dein schöner Mund auch lacht.

3. Kind
Wir schenken dir ein Strahlenkleid
aus lauter gelben Steinen,
dass deine Strahlen so wie heut
uns lange noch begleiten.

Musik wird gespielt und die vorher an die Kinder und/oder Gäste verteilten Steine werden zu einer Sonne zusammengelegt. Die Sonne bzw. der Sonnenkreis kann vorher mit Kreide auf den Boden gemalt werden, um den Kindern einen Anhaltspunkt zu geben. (Sie sollte an einem Ort gelegt werden, wo sie bis zum Schluss der Feier liegen bleiben kann.) Ist die Sonne gelegt, so sprechen die Kinder folgende Verse zusammen:

Alle drei Kinder:
Mit deinem schönes Strahlenkleid,
schenkst du uns warme Zeiten.
Du stehst am Himmel, machst dich breit,
willst Freude uns bereiten.

Kommt, lasst uns tanzen, fröhlich sein,
lasst uns zusammen lachen.
Wir wollen uns am Fest erfreun,
und viel zusammen machen.

(Alle, die mittanzen wollen, bilden um die gelegte Sonne herum einen Kreis und tanzen nach einer beschwingten Melodie oder singen ein Sommerlied.)

In dem folgenden Festteil können nun bekannte und beliebte Sommerspiele gemacht werden (oder die in diesem Buch vorgeschlagenen Spiele werden zu einem bunten Spielemix zusammengestellt).

Abschluss

Alle treffen sich wieder an der „Sonne" und bilden erneut einen Kreis. Die drei Kinder sprechen einen Schlussvers und jeder kann einen gelben Stein zur Erinnerung mit nach Hause nehmen.

Schlussvers

Das Sonnenfest, es ist nun aus,
nun geht alle froh nach Haus.
Wir wünschen euch 'ne gute Nacht,
das Fest, es hat viel Spaß gemacht.
Wir schenken euch den Sonnenstein,
ein Talisman kann er nun sein.

Literatur

Ingrid Biermann
Klara und die 24 Weihnachtsmäuse
Verlag Herder, Freiburg 2001

Ingrid Biermann
Ostern und Frühling mit Klara
und den Mäusen
Verlag Herder, Freiburg 2002

Aus der Ideenblitzreihe:
Ingrid Biermann
SonnenTage/FarbenTage/
GartenTage/WaldTage
Verlag Herder, Freiburg

Ingrid Biermann
Schätze aus der Hosentasche
Kösel Verlag, München 2000

Ingrid Biermann
Rituale machen Kinder stark
Kösel Verlag, München 2002

Heide Bergmann/Ursel Bühring/
Andrea Groß
Kleine grüne Wunder
Verlag Herder, Freiburg 1996

Barbara Cratius
Piraten-Sommer
Verlag Herder, Freiburg 1998

John Feltwell
Naturführer für Kinder:
Schmetterlinge
Saatkorn Verlag, Hamburg 1993

Bernhard Lehnert
Hörst Du die Regenwürmer husten
Kindergarten-Fachverlag,
St. Ingbert 1996

Meyers kleine Kinderbibliothek
Bd. 18: Die Biene
Bibliographisches Institut,
Mannheim 1993

Meyers kleine Kinderbibliothek
Bd. 36: Der Frosch
Bibliographisches Institut,
Mannheim 1995

Gisela Walter
Wasser
Die Elemente im Kindergartenalltag,
Verlag Herder, Freiburg 1992